给大忙人父母看的教子书

耿沫 编著

北京理工大学出版社
BEIJING INSTITUTE OF TECHNOLOGY PRESS

图书在版编目（CIP）数据

给大忙人父母看的教子书 / 耿沫编著. —北京：北京理工大学出版社，2016.6

ISBN 978-7-5682-2150-4

Ⅰ. ①给… Ⅱ. ①耿… Ⅲ. ①家庭教育 Ⅳ. ①G78

中国版本图书馆 CIP 数据核字（2016）第 075209 号

出版发行 / 北京理工大学出版社有限责任公司
社　　址 / 北京市海淀区中关村南大街 5 号
邮　　编 / 100081
电　　话 / (010) 68914775 (总编室)
　　　　　82562903 (教材售后服务热线)
　　　　　68948351 (其他图书服务热线)
网　　址 / http://www.bitpress.com.cn
经　　销 / 全国各地新华书店
印　　刷 / 北京中印联印务有限公司
开　　本 / 710 毫米×1000 毫米 1/16
印　　张 / 14.5
字　　数 / 180 千字
版　　次 / 2016 年 6 月第 1 版 2016 年 6 月第 1 次印刷
定　　价 / 35.00 元

责任编辑 / 武丽娟
文案编辑 / 武丽娟
责任校对 / 周瑞红
责任印制 / 边心超

前　言

“生活所迫，我们要挣钱啊！”

“工作太忙，时间总是不够用！”

“上班已经耗掉我所有的精力，别拿孩子的事烦我！”

“老人帮我带孩子吧，我顾不上管！”

……

这些话你是不是很耳熟？是不是经常听到身边的人说？甚至，这些话也是你经常挂在嘴边的？

当今社会竞争越来越激烈，人们的压力也越来越大。大忙人们在职场中，要抗得住无处不在的竞争和压力；在家庭中，要上顾老人，下管孩子，恨不得一个人分成两个人用。

当然，天下的每一位家长都望子成龙、望女成凤，而孩子的成长也需要父母责无旁贷的教育。父母当然知道孩子需要教育，需要陪伴，但是为了工作，为了事业，为了整个家庭，大忙人父母们不得不“牺牲”掉与孩子相处的时间。

“平时没时间，假期我好好陪他玩几天！”

“孩子有爷爷奶奶带着，我放心！”

“孩子想买什么我就给他买什么，绝不让他受委屈。”

“孩子什么时候长大啊？长大了就不用我操心了。”

……

然而，各位大忙人父母们，你是否注意到孩子敏感、胆小，缺乏安全感；是否感觉到孩子抵触、对抗、叛逆；是否察觉到孩子和你不够亲近，心里话从来不说给你听；你有没有发现，男孩越来越脆弱娇柔，女孩越来越虚荣、爱攀比？……

孩子的世界，你到底了解多少？

大忙人父母们忽略了家庭教育，忽视了与孩子的交流，等孩子暴露出了严重的问题才意识到家庭教育的重要性。注重效率的大忙人父母们想要及时补救，就拿“别人家孩子”做标准，让自己的孩子“速成”，走“捷径”……结果呢？孩子没能变成父母期望的样子，反而与父母越来越疏远，甚至开始与父母斗智斗勇，家庭教育变成了一出出“宫心计”，让大忙人父母们焦头烂额，苦不堪言。

这本书，就是写给所有困惑的大忙人父母们的。它会告诉你，如何在忙碌的工作和家庭教育之间做一些平衡，如何巧妙地处理隔代教育与亲子教育之间的矛盾，如何让孩子愿意把心事告诉父母，如何成为孩子真正的朋友……最终，它告诉你的，是如何成为一个合格的父母，如何成为孩子第一任合格的老师。

家庭教育有规律可循，有技巧可学，书中所言，不能囊括全部，却有一颗同为父母的至诚之心。如果你有幸读到这本书，并能从中感悟一二，那便是作者的欣慰。如果你读了这本书，能认真地付诸行动，改善了亲子关系，提升了孩子的学习成绩，融和了家庭氛围，这本书便有了它存在的价值。如果你读完这本书还会把它推荐给你身边的朋友，让同样被家庭教育所困的大忙人父母们找到解决问题的办法，那你已经成为优秀教育方法的传播者！

让我们共同面对家庭教育，一起陪伴孩子成长！

目录

第三章　挫折教育：锻炼孩子强大的内心

第四章　培养孩子的安全感：让孩子摆脱孤独、害怕与焦虑

第五章　安全必修课：大忙人父母要教会孩子自我保护

第六章　较劲不如交心，对抗不如对话：大忙人父母撞上青春期孩子

第七章　花点时间去了解孩子：只有懂孩子才能更好地去爱孩子

第八章　事半功倍的沟通：大忙人父母应该懂的心理法则

第九章　“培养”更是“陪养”：大忙人父母这样陪孩子

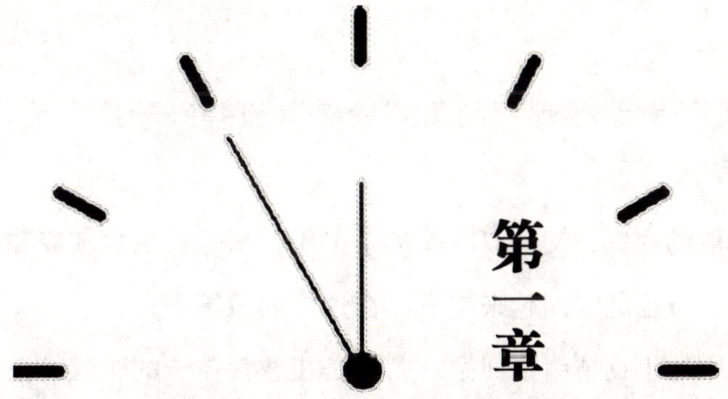

第一章

孩子敏感内向，忙碌的你发现了吗？

第一节　慎用“命令式教育”

下命令不如讲道理，别用“命令”毁掉孩子的成长。

现在一般的家庭，父母双方都忙于工作，承受着来自家庭和社会的双重压力，属于自己的时间越来越少。在这样的情况下，大忙人父母很容易把工作环境中的不良情绪带回家，尤其是在教育孩子的时候，很难做到平和，恨不得用一句话把十件事都解决掉，以便可以让自己多休息一下。于是“命令式教育”就成为大忙人父母们最常用的教育方式。

有一些家长，自己从小所受的教育就是“命令式教育”，等他们为人父母了，不由自主地又将这些方法拿起来用。可是，这种“命令式教育”是不是真的起到了作用，达到了教育的目的，亲子关系在这个过程中是否更融洽了？

有关调查报告显示，只有在最擅长沟通的家庭中，父母和孩子讲道理的时间超过沟通时间的1/3，而绝大部分家庭都是“命令式教育”，而在这其中，“口头命令式”又占了40%以上。另一项调研发现，在近1500个母子对话中，“讲道理”的对话只占8%，告诉孩子“应该做什么事”的只占了9%。在孩子的成长中，“命令式教育”随时随地都在发生，但效果如何？

情景一：

星期天的早上，明宇被妈妈催着起床。妈妈命令他去摆碗筷，可他趴在沙发上不想动，等妈妈端了饭菜出来，他还保持着原状。妈妈只好自己把碗筷摆放好。

情景二：

明宇刚准备吃饭，楼下传来一阵鞭炮和锣鼓声，他放下碗就往阳台跑。妈妈在后面喊他："明宇回来，吃完饭再去看！"明宇就像没听到一样，眨眼就跑到阳台上，趴在那往下看。原来是有人结婚，迎亲的车队正热闹地往小区外走，明宇看得津津有味。妈妈不停地催他："不要在吃饭的时候做其他事情！"可明宇却一直等到车队走得没影儿了才磨蹭着回到餐桌吃饭。

情景三：

上午明宇和同学去踢球，中午回来时累得扑倒在沙发上一动不动。这时爸爸甩给他一张钞票："儿子，去给爸买盒烟回来。"明宇哼哼着不想去，爸爸一瞪眼："还不去？"他不敢反抗，只好不情愿地往外走，边走还边低声嘀咕着。

看到这里，相信有不少家长也在连连点头"我家孩子就是这样！""是啊，说了什么都不听！""就是干了也是一千一万个不乐意！"家长们想想，为什么会是这样，到底是家长的命令错了还是孩子的表现错了？

以上例子中家长使用的就是典型的"命令式家庭教育"，从中我们可以看出"命令式家庭教育"存在这样几个问题：

1. 令出不行。

妈妈让明宇摆碗筷，但是明宇并没有按照妈妈的命令去做，这样的命令并没有被执行，是无效的。

2. 令禁不止。

明宇不吃早饭跑去看热闹的车队，妈妈提醒他“饭会凉”，明宇却坚持要等车队离开才回到餐桌，完全无视了妈妈“禁止在吃饭时做其他事情”的命令，禁止的命令也是无效的。

3. 不情愿地接受命令。

由于父亲的威严，明宇不得不接受父亲的命令去买烟，但实际上他已经很累了，所以他是有抱怨的。

从这几个问题可以分析得出，“命令式教育”不是孩子欢迎的教育方式，也不是有成效的教育方法，达不到教育的目的，甚至还可能产生其他的教育问题。家长会说：“孩子太淘气了，根本就不听我的！”“现在的孩子一个个的都是人精，这么小就不听话了，长大怎么办呢？”“像他爸那脾气，孩子再不听话，几个巴掌就抡过去了！”

说了不听，骂了没用，再不行就打。很多家长从“命令式家庭教育”直接升级成了“家庭暴力”，孩子的表现却没有得到根本的改观。问题到底出在哪里呢？

原因一：家长没有划清“命令”和“协商”的界线。

上文事例中，妈妈命令明宇去摆碗筷，当时明宇还处于半睡半醒的状态，根本不想动，当然也就没有执行妈妈的命令。如果这是妈妈的“命令”，那么妈妈就该要求他必须去做。可是妈妈其实只是商量的意思，只不过是用命令的口气说出来了，明宇没有做，妈妈也没有强求。这样一来，明宇就会认为，妈妈的命令是可以不执行的，而没有意识到这件事是妈妈在和他协商，这会造成他对“命令”这一概念的错误认识。

原因二：令禁不止不如没有命令。

为了让明宇专心吃饭，妈妈命令他在吃饭的时候不能做其他的事情，但

是明宇却跑去看迎亲的车队，完全不顾妈妈的一再催促。妈妈在明宇不听劝阻的时候没有强行制止，更没有事后的惩罚，这就让明宇认为，即使是“不许……”“禁止……”这类的命令也是可以不听从的，也不会受罚，那么，妈妈的命令就完全失去了权威性，以后妈妈再下什么命令也都没有作用了。

原因三：不了解孩子的实际情况而下令，引起孩子的抱怨甚至逆反。

事例中明宇的爸爸让已经很累的明宇去买烟，明宇畏惧爸爸的权威不得不做，但他的心里非常不舒服。孩子小的时候可能只是抱怨，不敢反抗，等到了青春期可能表现出来的就是逆反，和家长专门对着干。他们这样做往往是因为父母没有顾及他们的感受，只是一味地“命令”。

那么，完全听话的孩子就好吗？请大家看下面这个例子。

晓天是妈妈的骄傲，许多家长都羡慕晓天是个“听话的好孩子”，妈妈说什么他都严格地去执行，不管是学习计划还是外出游玩的安排，只要妈妈定下来了，晓天从来都没有意见。晓天从小学开始就成绩优异，一直考到了硕士，为了让晓天专心学习，他的生活起居、对外联系全部由妈妈一手包办，可是谁也没有想到，等晓天真正走上了工作岗位才发现自己成了毫无主见，只会读书的“书呆子”。这时候晓天的妈妈可真是欲哭无泪了！

没有不爱孩子的父母，没有不希望孩子成长的家长，不听话的孩子让父母头疼，太听话的孩子又没有主见，如何解决这个问题呢？

不管是听话的孩子还是不听话的孩子，“命令式教育”都不是一个“绝对”的好方法，要根据实际情况适当运用。

1. 慎用“命令式教育”。

在家庭教育中并不是不可以用“命令”的方式，但是一定要“慎用”。

命令是一方对另一方下达的强制性指令，听令的一方必须按要求执行，如果不执行就要受到惩罚。在家庭教育中，父母尽量不要用命令的方式跟孩子说话，一来避免泛用，使命令的权威性减弱；二来避免命令得不到良好的执行，使亲子关系疏远。

2. 命令式教育要么不用，要用就要严格执行。

事例中明宇不听妈妈的劝阻，在吃饭时跑去看车队的情况，妈妈一定要当场指出他的错误，并强行制止他的行为。只有阻止了他的行为，才能让他认识到这样做是不对的，下次不可以再这样做。但是考虑到孩子好奇的天性，妈妈可以让他去了解一下外面到底发生了什么，满足一下孩子的好奇心，但要适可而止。如果强行阻止不了，就要加上惩罚，让孩子清楚，做了不应该做的事情就要受罚，这是原则，不允许违反。

对于早餐时摆碗筷这种事，如果妈妈只是商量的意思，那就不要用命令的口气，而是要用温和的语气来表达。同时也要考虑到孩子的情况，充分考虑孩子的感受，避免出现命令已经发出，却得不到执行的情况。

3. 父母的命令有可能扼杀掉孩子的自我意识。

“完全听话的孩子不如会顶嘴的孩子”。美国加州大学伯克利分校针对孩子接受不同教育对智力发育的影响进行统计分析，得出了这样的结论：虽然跟孩子讲道理要花费更多的时间，但是这有利于促进孩子智力的成长，因为在讲道理的过程中能够更有效地激发孩子更复杂的思考模式，同时促进孩子语言的发展。反之，常用命令的方式来教育孩子，将制约孩子的智力发展，甚至扼杀掉孩子的自我意识，完全改变孩子的性格特征。

思考和成长是相伴而行的，如果家长用“命令式教育”扼杀了孩子思考的权力，那他将无法健康成长；但如果家长完全放任不管，孩子又可能会变得无法无天。真正聪明的家长会张弛结合，有规矩无严苛，让孩子在有尺度的自由中快乐地成长。

给大忙人父母敲敲警钟：

孩子的成长是个复杂的过程，要给孩子立规矩，让他知道什么可行什么不可行，但是也不能让孩子成为唯命是从的“呆子”。家长要慎用“命令式教育”，多一分耐心，多一次沟通，多让孩子主动打开思考模式，才能让孩子在未来的路上，走得踏实而不呆板，勇敢而不鲁莽。

给大忙人父母的亲子备忘录：

1. 孩子是你生命的延续，不是你的附属品，更不是你的下级，不能任意发号施令。

2. 孩子的思想与成人不同，父母要先让他自己做出决定与分析，不要急于命令他。

3. 父母们可以试着换位思考，感受一下总是被别人命令的感觉，下次教育孩子的时候，想想如何更好地表达。

第二节　教育不只属于父母中的一方

父母是上天安排保护孩子的两个“天使”，缺一不可。

记得有个相声，说孩子有什么事都找妈，和爸爸说的话也就一句：“爸，我妈呢？”而爸爸们对此也认为理所当然，孩子有事，爸爸一句话就打发了：“找你妈去！”

很多家庭都是这样，家庭教育以“母系”为主，妈妈成了孩子教育的主导人物。形成这种状况的原因是，爸爸们承担了更多对外的责任，在家庭里所承担的就少了一些。对此，爸爸们不仅没有察觉到问题的严重性，反而乐于享受这样的安排，把孩子的一切问题都推给妈妈。

事例一：

新新今年上一年级，刚开始学写字的他总是把字写得歪歪扭扭的，妈妈纠正了他很多次都没有用。爸爸下班一般到家比较晚，一次他看到了新新的作业本，发现已经学了一个学期的字居然还写得这么难看，爸爸立刻就发火了，冲着妈妈喊：“你看看你教的儿子，这字写得像是狗啃过似的，像什么样子？”妈妈也不甘示弱：“写成这样还是我管的呢，你管过一天吗？儿子又不是我一个人的，你管得好你来管啊？”一场争吵就此拉开！没几天之后，妈妈又指出新新写字歪的时候，新新不乐意地回了一句：

“你别管了，反正也管不好。”把妈妈气得冲爸爸喊：“都是你，孩子现在都不听我的了！”

事例二：

丽娟的爸爸一直在外地工作，一个月才能回来一次，每次回来对丽娟都是亲了又亲，她有什么要求爸爸都无条件地满足。近期丽娟在换牙，妈妈严禁她吃甜品，可是丽娟最爱吃甜的了。好不容易盼到爸爸回来，父女俩立刻到超市买回一大包糖果。妈妈发现之后，把糖果没收了不说，还把爸爸和丽娟都训了一通，这让爸爸面子上很挂不住，他沉下脸来和妈妈争论。妈妈说：“我白天上班，晚上还要照顾孩子，紧盯着她，怕她吃坏了，你倒好，不光不支持我，还帮倒忙！你以后还是不要回来了！”爸爸一气之下，真的两个月都没有回家。丽娟牙齿发炎引起高烧，妈妈又是上班又是照顾孩子，累得筋疲力尽。

事例三：

莉莉是单亲家庭的孩子，妈妈既要工作又要照顾她，忙得团团转，很少有时间和莉莉沟通，莉莉觉得妈妈并不爱自己，在学校里她经常和同学打架、破坏学校的物品，惹是生非，妈妈又气又急，回到家就训斥莉莉，母女之间的冲突越来越激烈，最后，问题不仅没有解决，矛盾还进一步升级，最后莉莉开始逃课，妈妈也找不到更好的教育方法。

孩子的心智发育是一个漫长的过程，但在学龄前的特殊阶段，早教专家很早就提出过这样的观点：促进孩子健康成长的必要因素是父母的共同教育，这一因素无可替代。尤其需要大家关注的一点是，父母任何一方单方面的教育都不可能与共同教育的效果相比！在孩子的心中，父爱和母爱

一样重要，母亲是温暖的代名词，而父亲是安全感的代名词。那些在幼年时期缺少母爱或父爱的孩子，更容易产生焦虑、缺少安全感，在集体生活中显得更难以共处，并且更容易产生攻击性，而这些性格问题，很有可能在成年以后才会渐渐显现出来。

从上文事例中可以看出，父母双方不能共同教育孩子，不仅是教育的问题，也会导致夫妻关系紧张，甚至让孩子产生“是不是自己不招人喜欢?”“父母是不是不爱自己了?”这种担心。

所以，大忙人父母们千万不要忽略父亲与母亲同时教育孩子的重要性，尤其是父亲在家庭教育中的角色，他对孩子的影响甚至超过母亲。孩子渴望得到父亲的认可，当被拒绝时，孩子的痛苦会加剧。研究发现，感受拒绝的大脑活跃区域与受到生理性疼痛的区域是同一处，只不过，生理上的疼痛会在较短时间内消失，而心理上的疼痛则可能在多年甚至几十年后才能释放。

父母共同教育孩子要注意以下几个方面的问题：

1. 不要挑毛病。

在教育孩子的过程中，如果爸爸总是挑妈妈的毛病，那么在孩子的眼中，妈妈的教育就是错的，那为什么要听？所以，不管是父母哪一方对孩子进行教育，即使是双方意见不统一，也不要当着孩子的面指出对方的毛病，这会使教育的效力大打折扣。如果真的是意见相左，或者是发现对方的教育方法存在错误，家长一定要在孩子背后进行协商沟通，达成一致意见后，统一实施。

2. 严禁搞破坏。

教育孩子要做什么不要做什么。宠溺孩子的家长最大的问题就是没有原则，会把孩子“惯坏”，更严重的是破坏已经确立的原则。比如让正在换牙的孩子吃甜食，就是无原则的宠溺，对孩子只有坏结果，不会有好作

用。父母给孩子立下的规矩，不要朝令夕改，更不能各说各话。否则，孩子便不能按照“唯一的原则”做事，做什么都是乱的。在家庭教育中，父母双方一定要站在统一战线上，即使不能认同对方的意见，也不能在孩子面前当面破坏，尤其不能毫无原则地溺爱孩子。

3. 共同分担，减少重担一人扛的现象。

大忙人父母们既要上班又要照顾孩子，要操心的事情比较多，常常会感觉力不从心。父母双方要针对孩子的具体情况进行协商，可以按各自工作的压力和时间来安排，孩子的什么问题由谁来负责等，把教育的内容分开，责任明确，压力也就减轻了，教育的效果也会更加明显。比如妈妈擅长耐心地教孩子写字，爸爸则更乐于和孩子一起研究踢球的脚法，虽然是在不同的教育领域，但是孩子得到了父母双方的爱护和教导，能够更加健康地成长。

给大忙人父母敲敲警钟：

父母双方都是孩子的监护人，不光要负责他的人身安全，更重要的是要承担起对他的教育责任。孩子的成长需要父母双方的共同付出，不管是哪一方，都不可以把教育孩子的责任完全推给另一方，否则，不仅亲子关系受到影响，孩子的情感、人格等方面也得不到良性发展。

给大忙人父母的亲子备忘录：

1. 教育孩子是不可推卸的使命，父母要各负其责，协同合作。

2. 父母双方要找出各自的优势，按自己的特点来教育孩子，引导孩子向更好的方向发展。

3. 父母双方要互相支持，互相体谅，给孩子树立严格统一的教育标准，创造一个温馨和谐的家庭环境。

第三节　帮孩子结交几个好朋友

一个篱笆三个桩，一个好汉三个帮。

“朋友圈”是微信里的一个功能，代表着人脉。对孩子们而言，现实生活中，他们也应该建立一个属于他们的“朋友圈”。

在家庭中，孩子就是“世界”的中心。可是从幼儿园起，孩子必须要脱离自己的“家庭王国”，踏进集体生活的大环境了。这时候，许多家长发现，自己的孩子无法融入集体，不会交朋友，也交不到朋友。

事例一：

米莉是幼儿园小一班的学生，已经上了一个月的课，但每天送她到幼儿园依然很不顺利。每天早上米莉一定会大哭大喊，闹着不要去幼儿园，不管妈妈和老师怎么哄，都没有效果。天天都是时间来不及了，老师抱住米莉，妈妈狠下心离开。

米莉妈妈觉得有必要和老师好好地沟通一下，正好老师也要和她聊一下米莉在幼儿园的表现，经过聊天米莉妈妈才知道，在家里活泼可爱的女儿一到学校就变成了“木头人”，从来不主动和别人说话，也不会参与大家的游戏，上课的时候老师不点到绝不会主动举手回答问题。一个月的时间过去了，她没有交到一个朋友，即使是老师安排别的小朋友和她玩，她

也会在老师转身之后就溜走，继续自己玩。

老师说这孩子太孤僻了，希望家长配合，一起帮助孩子交到朋友。

事例二：

晓雅是个漂亮的女孩，但是她太骄傲了，同学们主动和她表示友好，她却不理人，做游戏时也要大家一切按她的要求来做。渐渐的，没有同学愿意和她玩，她只能孤傲地做一个无人欣赏的“孔雀公主”。

事例三：

英雄已经上小学三年级了，他是个壮硕的小男生。他非常喜欢军事，连名字都透出军人的气概。可惜他在学校的表现却一点也不“英雄”。他常常惹是生非，不是打碎了学校的玻璃就是破坏了老师的教具，还鼓动同学们一起搞恶作剧，欺负班上弱小的同学，成了人见人厌的“坏孩子”。经常和他一起玩的同学，互相之间都很讲“义气”，但他们并不是为了共同进步，而是为了一起搞破坏。

以上几个事例中的现象，恐怕不少家长都很熟悉。这种情况为什么会如此普遍呢？主要原因是现在的孩子缺少朋友，但是又不会交朋友，最后要么是孤立无友，要么是没有真心朋友。

那么，如何让孩子交到真朋友、好朋友呢?

1. 首先让孩子放下戒心，打开心门。

家长的第一责任就是让自己成为孩子的朋友，与孩子多沟通，多了解孩子，只有知道孩子在想什么，才能准确地判断出他需要什么，这也是判断让孩子结交什么样朋友的前提。

交朋友并不意味着主动和旁人沟通就能成为朋友，尤其是孩子们年纪

尚小，判断力有限，最好从他们熟悉的环境中选择朋友，比如同学、邻居、家长，也可以在亲属中选择年纪相近、兴趣相投的孩子，让他们共同玩耍，慢慢成为朋友。

2. 交友要慎重，一起玩得开心的并不一定是真心朋友。

受环境影响，有些孩子学会了攀比和欺善怕恶。朋友间要互相扶持，取长补短，如果只是为了哥们儿义气，就不是真正的朋友。不论男孩还是女孩，要明白交朋友是为了互相帮助，而不是为了互相利用。因此，家长要帮着孩子鉴别，帮他们结交人生观、价值观正确的朋友，朋友之间要互相学习，共同进步。

要让孩子知道，结交朋友是为了能共同成长，而不是为了拉帮结派搞破坏。

大忙人父母们都有各自的工作，孩子又有自己的世界，要想让孩子们交到好朋友，家长必须要付出一定的努力，用自己的力量替孩子们搭起通往友谊的桥梁。其实结交朋友的场合可以多种多样，家长可以利用业余时间，带孩子参加各种活动或聚会，让孩子越来越顺利地融入集体之中。

例如，家长可以和孩子共同筹划一次孩子的生日宴会，主动让孩子邀请同学、朋友到家里来做客。这既训练了孩子接人待物的能力，也能增进孩子之间的友谊。

还可以让孩子多参加各种兴趣小组，孩子们有了共同的兴趣爱好就有了共同的话题，慢慢地就能交到志同道合的朋友。家长要和老师保持联系，了解孩子在学校的表现，了解孩子的心理动态，配合老师纠正孩子的不良习惯，鼓励孩子努力，肯定孩子的进步。

给大忙人父母敲敲警钟：

不管有多么不舍，父母都不可能陪伴孩子一生。当孩子离开父母，独立生活，如果他的身边能有一群可靠的真心朋友，将是父母最欣慰的事。所以，家长们，把工作暂时缓一缓，抽出你们的宝贵时间，拿出你们的聪明才智，帮助孩子结交益友，缔结友情吧！

给大忙人父母的亲子备忘录：

1. 首先让自己成为孩子的朋友，了解孩子所思、所想、所需。
2. 帮助孩子交朋友，让他们学会辨识谁才是真正的朋友。
3. 与孩子的朋友成为朋友，就能更好地了解孩子。

第四节　孩子最好的朋友是父母

与孩子交朋友是做父母的最高境界。

——周国平

没有人生来就百事皆通。作为父母，大家都是第一次“上岗”，所谓的“岗前培训”多是纸上谈兵，什么才是最好的教育方式，众说纷纭。

怎么做好父母，什么才是良好的家庭教育，父母和孩子怎么相处才是正确的？大忙人父母们天天忙着应付工作中的事情已经筋疲力尽，哪有时间考虑什么教育理念、合适方法？然而，孩子可不会因为家长的忙碌而变得“懂事”。

事例一：

明泽的爸爸在企业里承担管理职务，脾气直，说话比较冲，不管在公司还是在家里，都是个“黑脸”角色。明泽非常怕爸爸，因为他经常因为一点小事就被爸爸训。明泽爸爸有时候心情好了想和明泽聊聊天，可是明泽却找各种理由不愿意和他说话，两个人话不投机，说不了几句明泽爸爸就会发脾气。

事例二：

这阵子劲夫的爸爸因为工作不顺利，心情很不好，但他回家后尽量克

制自己的情绪，不希望影响到孩子。这天他给劲夫检查作业，发现劲夫在作文《我的爸爸》中写道：“我的爸爸非常虚伪，明明他心情不好，又发现我的作业出了错，他还要装作一副没什么的样子。即使我很诚恳地问他是不是生气了，他也坚持说没有。可是你看看他的样子，黑着脸，怎么会是没有生气？”看到这些话，劲夫爸爸真是哭笑不得。

事例三：

杨洋的妈妈在家里地位是最高的，她的话谁也不能不听，更不能提出反对意见。爸爸一贯以息事宁人为原则。就拿上兴趣班这件事来说，杨洋明明喜欢踢足球，可是妈妈一定要让他去学钢琴。有一次，杨洋骗妈妈说自己去上钢琴课了，实际上他是和同学一起去踢球了。妈妈知道后气得把他的足球给扔了！为此，杨洋和妈妈很久都没有说话。

在这几个例子里，家长们有没有看到自己的影子呢？家长们总是说：“我天天忙得焦头烂额，为的就是让孩子好好上学，长大成人。可是为什么孩子就不能理解家长的苦心呢？”其实，父母有没有想过，或许不是孩子不理解家长，而是家长也没有真正地了解孩子呢？

很多家长为了在孩子面前树立自己的威信，无意识中拒绝了与孩子交心。其实父母们只要学会先做孩子的朋友，再做孩子的父母，亲子关系就会越来越融洽。

那么，家长怎么才能和孩子做朋友呢？

首先，家长要把自己的位置摆好，忘掉自己是父母，把自己放到与孩子平等的位置上，才能和孩子做朋友。许多家长对孩子从来都是居高临下的，所有的沟通都是命令、指责、抱怨等，这样的态度怎么可能让孩子舒服，他们又怎么可能和爸妈说真心话呢？

有的家长会说自己一直很尊重孩子，但是如果你录下和孩子交流时的对话，你会发现，你绝不可能用同样的语气和自己的朋友说话，这就证明，你还是没有把孩子作为平等的朋友对待。

其次，家长要真诚地与孩子交流，不必掩饰自己的真实情感。孩子经常会出现各种各样的问题，家长难免会心急。但是为了和孩子做朋友，有些家长就装作没事，说自己没有生气。可是，孩子很容易就能从家长的表情和语调上发现，家长在生气。孩子是非常敏感的，他们可以迅速地辨别出你到底要表达什么，你的真实态度是什么。可是成年人对这方面并不是特别的敏感，家长很可能自己根本没有意识到什么，也不会想到这种虚假的“没生气”会让孩子更反感。

因此，如果孩子犯了错，家长也不必掩饰自己的生气，真实地告诉孩子他做错了，爸爸妈妈生气了。坦诚地和孩子沟通，孩子反而会愿意和爸妈沟通自己为什么会犯错，要如何承担后果，接受什么样的惩罚等，并能避免以后再犯同样的错误。孩子愿意接受家长真实的表现，这样他会更有安全感，更愿意敞开心扉和家长聊天，做朋友。

第三，家长一定要把孩子当成独立的个体来对待，不要把自己的意愿强加到孩子身上。

父母都希望孩子能按照自己规划好的道路去发展，这就像是塑造产品一样，提前给孩子做了“模子”。孩子听到的只是“做什么”或者“怎么做”，却从来不知道“为什么”。

如果家长一直用自己的决定来安排孩子的一切，孩子的大脑只负责把家长的命令填充进去，只有接受，没有创造，那么即使他长大了，也会丧失独立思考的能力。只有和孩子平等对话，鼓励孩子提出不同意见，才能让孩子接受家长的诚意，愿意和家长做朋友。家长也能更深入地了解孩子的所思所想。家长和孩子处在一个平等的位置上，孩子才会更信任家长，也会更容易接受家长的安排。

给大忙人父母敲敲警钟：

孩子们希望面对的不只是慈母严父，他们更希望爸爸妈妈能成为自己的知心朋友，懂他们，了解他们。父母和孩子成为朋友，就能走进孩子的内心世界，了解他们真实的想法，对于孩子的教育方向和教育方式，才可以找到最佳途径。

给大忙人父母的亲子备忘录：

1. 坦诚相待，喜怒自然，告诉孩子自己最真实的想法。
2. 允许孩子说出不同意见，不专权、不霸道。
3. 当你蹲下来和孩子对视，孩子的心脏就和你的心脏位于同一高度了。

第五节　隔代教育：不能无条件满足

无条件满足就是无原则纵容。

现在什么人最忙？上有老下有小的年轻父母最忙。这些大忙人一心扑在事业上，没有时间教育孩子，只好让老人帮忙照顾孩子，解决了大忙人的后顾之忧。

很多老人退休之后，身体还不错，没有什么事情可做，带孩子便成了他们的主业。人们都说“隔辈亲”，老人带孩子，那孩子说什么要什么，老人都无条件满足，于是，很多孩子就这样被娇惯纵容坏了。

事例一：

网上有一个视频，是奶奶带着孙子坐公交车，因为一点小事奶奶没答应，孙子就当众对奶奶又打又骂！这件事令人震惊！现在的孩子怎么了？尊老爱幼的传统美德都丢掉了，孝顺长辈是最基本的美德，这孩子是怎么教育的？

事例二：

晓辰在家里是个任性的“小公主”，进入幼儿园之后依然保持着她的“公主作风”。老师只好请家长来学校，来的是晓辰的奶奶，老师一说晓辰

的过错，奶奶就立即为晓辰解释。老师只好把事实摆在奶奶的面前，晓辰霸占玩具，欺负同学，顶撞老师，完全以自我为中心，根本没办法融入集体生活，老师说，如果家长不能配合幼儿园进行教育的话，建议给晓辰换个幼儿园。奶奶这才意识到事情的严重性！

事例三：

晚饭之后，家里人坐在一起看电视。乐乐跑来跑去的，突然在爷爷的背上重重地打了一巴掌，把爷爷吓了一跳，可他还在哈哈大笑！爷爷是有心脏病的，妈妈急忙批评乐乐，告诉他不许再这么做。爷爷却无所谓地说："小孩子玩呢，没事的！"

事例四：

米朵是姥姥一手带大的，姥姥对米朵是百依百顺。小时候米朵要是摔倒了，姥姥一定会狠狠地跺上几脚："让你摔倒我家宝贝！"米朵也会学着姥姥的样子去跺地面。如果米朵碰倒了杯子，姥姥会说"都怪姥姥，没把杯子放好。"等米朵上了小学，她犯了错误从来都不承认是自己的问题，把责任全推到别人的身上。

以上几个例子并不是特例，它们经常出现在很多孩子的身上，这些都是老人娇惯孩子，宠溺纵容造成的。

许多家长表示，我们真的太忙了，我们实在没有那么多的时间和精力放在教育孩子上，孩子只能让老人带。

那么，隔代教育要注意哪些方面呢？最基本的原则就是，不能无条件地满足孩子的要求，要做到合理有据地拒绝。

1. 不要让孩子找到能使家长屈服的"法宝"。

孩子提出了不合理的要求，家长如果拒绝，孩子一定会想办法让家长答应自己。最常见的就是哭闹，“你不答应我就不吃饭”，老人心疼孩子，心一软很容易就答应了，这样孩子就找到了抗议的“法宝”，屡试不爽。

面对这种反抗，家长一定要从开始就坚持，绝对不要让他认为哭闹是解决问题的办法。合理的要求家长会答应，但是对于不合理的要求，根本就没有商量的余地，不管孩子采取什么样的方式，都不能答应。孩子哭闹的时候就要冷处理，没有了“观众”和“互动”，孩子闹一会儿也就没有意思了。如果孩子闹得很凶，就要对他的哭闹做出惩罚，让他知道这样的方式是错误的。

2. 要有效沟通，用合理的理由拒绝，让孩子明白原因。

孩子被拒绝的时候会产生受伤的感觉，甚至会怀疑家长是不是不爱他了。因此，家长在拒绝孩子时一定要和孩子进行沟通，说明拒绝他的原因。拒绝孩了的理由一定要合理，千万不能因为家长的情绪问题随便答应或者拒绝，不能让孩子产生惊恐，或者无所适从的感觉。比如孩子喜欢吃垃圾食品，为了孩子的身体健康，家长要和孩子讲明白：垃圾食品里面含有一些对身体有害的东西，所以我们不吃。家长还可以找到相关的资料，让孩子去了解垃圾食品的坏处，这样孩子被拒绝的时候，就能明白家长的良苦用心了。

3. 要坚持原则，前后一致。

为了让孩子有良好的品性行为，家长拒绝孩子的不合理要求必须坚持原则，不能一会儿可以，一会儿不可以。失去了原则，会让孩子认定这件事是可以的，那么下一次拒绝他的时候，他会理直气壮地说：“上一次你就答应我了！”这时候，家长再怎么解释，都会失去力度。

杨军是容易着凉的体质，但是他又喜欢吃凉的甜点，爷爷奶奶平时是不让他吃的。可是有一次杨军考试得了第一，非要吃冰淇淋，奶奶心一软就答应了，“算是奖励他，就这一次。”可是没想到，后来，杨军只要一考试就要求吃冰淇淋，否则他就说不好好考试，专考不及格。奶奶生怕他真的不好好答题，想要答应他。幸亏爷爷拦住了，爷爷告诉杨军：“考试是为了检查你的学习收获，而不是你作为吃不吃冰淇淋的条件。”虽然杨军哭闹了一会儿，但是看到爷爷没有妥协的意思，也就放弃了，考试的时候当然也认真地考了，他可不想真的考不及格啊！

隔代教育是无法避开的现实，只要继续保持正确的教育方式，不要无条件地满足孩子的要求，就一定可以教出一个懂事的孩子。

给大忙人父母敲敲警钟：

孩子的教育主要应该由自己的父母承担，但是在一些大忙人家庭里，老一辈人代行了教育职责，其实，老一辈只是看管孩子，他们并没有科学系统的教育方法，同时，父母的教育是孩子成长过程中不可缺少的内容，更是亲子关系的桥梁，值得重视。

给大忙人父母的亲子备忘录：

1. 父母再忙也要了解孩子的教育情况，避免出现隔代教育的弊端。

2. 坚持和老人进行良好的沟通，做到教育孩子的目的一致，方法统一。

3. 对于宠溺孩子的老人，父母要及时沟通劝导，帮他们分析利弊。

第六节　改变内向的孩子，先改变内向的自己

家长是孩子的第一任老师。

职场压力大，生活节奏快，大忙人父母的时间总是不够用，辛苦一天到家后，父母们最期望看到的是孩子很乖，听爸妈的话，学习也不用家长操心。可是，家长们有没有注意过“乖孩子”真的是好孩子吗？

看看以下这些孩子的表现。

第一种，乖孩子不会四处乱跑，业余时间大部分都宅在家里，看书、看电视、上网、打游戏，即使是娱乐，也不会过度，让家长很放心。这种孩子话比较少，从来不会主动向家长提起学校的事，也不愿意说起同学，就像学校和家是完全隔绝的两个世界。

第二种，在学校，有些学生的表现是，只要老师不点名让他回答问题，他就绝不会自己主动举手要求回答问题。就算是被老师点名叫起来了，自己也知道正确的答案，可他们还是会说得很小声。

第三种，家里来了客人，家长让孩子见客。孩子用很小的声音匆匆打了招呼就钻进自己的房间，直到客人走也不会再出来。

第四种，学校组织各种社团活动，有些孩子太过安静，什么活动都不愿意参加，尤其是一些表演、辩论等需要当众用语言表达、形体表演等技能来互动的社团。

这些表现只是其中的一部分，等家长意识到孩子是不是太安静、太内向了的时候，孩子的性格可能已经形成了。

比如，有的家长一看到孩子怯懦的样子就来气，几次纠正没有效果，家长就会忍不住对孩子喊叫：“你就这么死气沉沉吗？张嘴说话会少块肉吗?”这样的呵斥会让孩子越发退缩、消极。

还有的家长希望通过鼓励的方式来改变，孩子但凡遇到什么事，家长就会不停地给他加油，这样反而会造成孩子的心理负担加重，更加难以改变。

有的家长信奉“近朱者赤”的原理，总是让孩子和性格开朗的同学一起玩，然而两种性格的孩子不一定能玩到一起，敏感内向的孩子一旦发现对方流露出不耐烦、不高兴的神情，就会感觉受伤，压力大增，自卑也会更加明显。

另外，家长要注意，不要给孩子“贴标签”，比如家长在人前抱怨：“他太内向了，一点出息都没有!”这样孩子即使有心改变，也很难成功。

有关教育的理论很多，但有一条，放之四海而皆准，那就是：家长是孩子的第一任老师。家长在抱怨自己的孩子太过内向的时候，是不是也要自我分析一下？其实多加留意就会发现，内向的孩子家里一般都至少有一位同样内向的家长，孩子的内向，更多来自对家长的耳濡目染。

不管是成年人还是孩子，形成内向性格主要有以下两个原因：

原因一：缺少自信，害怕失败。

不敢在人前说话，不愿意积极回答问题，不主动与他人交流，这些都是性格内向的人常见的表现。他们之所以这样，主要是缺少自信，担心自己会说错，会表现得不够完美等。

原因二：比其他人更加敏感，在意他人的看法。

内向的人都比较羞涩、胆怯，同时又非常敏感，对于旁人的关注很容

易捕捉，甚至会胡乱猜忌。时刻担心自己因做得不好而被嘲笑，所以宁愿不做。

要想改变孩子的内向性格，家长也要克服自己的性格缺陷，先解决自己的性格问题，再去教导孩子。

孩子年纪小，他们的心理承受能力要远远低于大人。所以，对孩子性格的调整，要注意多考虑孩子的感受。

1. 减轻压力。

让内向的孩子打开心扉，一定要给他创造一个宽松的环境，不要让他有压力，等内向的孩子放松了，不再拘谨，就是他走出内向的第一步。

2. 及时肯定，树立信心。

孩子性格的调整是个比较漫长的过程，在这个过程中，家长一定要多考虑孩子的感受。只要孩子有一点进步，就要及时、明确地对他进行肯定和表扬，让孩子知道："我可以的!"有了自信的孩子，就会敢于在人前表现，就会变得越来越开朗、外向。

3. 要掌握一定的技巧。

为了让内向的孩子变得积极开朗，家长可以让他们学习一些社交礼仪，让他们学会如何与人共处。如果家长同样内向，那么建议家长和孩子一起学习，一来便于互动，二来可以互相促进，同时也可以验证学习的效果。

4. 要给孩子展示的机会。

不管是家庭聚会还是社交场合，或者只是在自己家里，家长要多给孩子创造展示的机会，同时一定要及时鼓励和赞扬他的表现，让孩子感觉到在大家面前表演是一种快乐和骄傲的事情。

如果家长们能做到以上几点，积极改变自身内向性格的同时，给孩子创造一个更轻松的环境，孩子也将慢慢变得开朗活泼起来。

给大忙人父母敲敲警钟：

家长对孩子的影响是非常大的，孩子极易学习、模仿家长的行为，内向的家长要先学着改变自己，才能引导孩子慢慢活泼开朗起来。

给大忙人父母的亲子备忘录：

1. 训练孩子的表达能力并及时给予肯定。

2. 人前要维护孩子的形象，不要刻意褒贬。

3. 多与孩子交心，了解他们的思想，尽早发现问题，解决问题。

4. 内向的孩子都比较敏感，家长要多注意孩子的感受，慢慢进行引导，不要急于求成。

第二章

大忙人教子，千万不能讲效率

第一节　没有“神童”，也没有“速成”

成功必须经过努力，没有人可以一蹴而就。

大忙人父母们在职场打拼，既要面对事业上的挑战，又要上敬老人，下育子女，他们恨不能有分身之术，所以很多时候他们最缺少的，便是耐心。大忙人父母们总是把孩子的教育也当成工作，想着怎么在最短的时间内做出最好的成绩。然而，教育孩子真的可以“速成”吗？

听听这几位妈妈是怎么说的吧！

第一位妈妈：

我家女儿是个慢性子，不管做什么都得花别人两到三倍的时间。不管是吃饭、穿衣，还是写作业、练琴，我怎么催都没有用，尤其是写作业的时候，写几页字就要用一个小时，简直是浪费时间！我天天催，可是她怎么也改不过来！我辅导她写作业对我们娘俩都是折磨。

第二位妈妈：

我倒羡慕你家孩子是慢性子，看看我家孩子，写作业倒是真快，可是错误率也很高。我天天下班辅导他写作业，错一道题我就给他讲一次，可是一不留神，他就又错了，都是粗心大意导致的错，我真的是没办法了！

第三位妈妈：

你们孩子这都是小问题，总能改过来的，可我家的孩子偏科，英语怎么也学不好。他才小学三年级啊，以后可怎么办？我和老师沟通了，和孩子也谈话了，可是他就是不喜欢，说多了他还反感。真想明天一觉醒来，他就喜欢英语了。

从上面的例子可以看出，孩子的问题各式各样，但是家长们都有同样的想法，就是想马上解决问题。可是，他们越急就会发现孩子的问题越严重。

家长都希望孩子往好的方向改变，把短板补齐，扩大优势。可是换位思考一下，每个人都有自己的优势，也都有不足，就算是家长自己，也一样有难以克服的不足。假如有一天突然让你在短时间内将不足变成优势，家长也一定会大呼“我不是神仙，这不可能”。既然如此，为什么要求孩子们化身“神童”，一下子就改变呢？

性子慢的孩子在生活和学习上都是慢节奏，这种孩子要想让他一下子快起来是不可能的，但是速度可以逐渐加快。比如，家长可以在孩子写作业的时候计时。这个计时可以有多种方法，记下来是为了比较，只要这一次比上一次快了，就是进步。

孩子学习粗心的原因也是多种多样的，可能是孩子太过自信，反而失去了仔细，认真的态度；可能是单纯为了写完作业，想早一点玩耍等。不管怎么样，家长要着重训练孩子，养成良好的学习习惯，要踏踏实实，认认真真，静下心来学习。家长要多鼓励、少批评，让孩子更有动力督促自己认真仔细。

而对于偏科的孩子，一定要先找准他偏科的原因。根据调查发现，孩子偏科一般有以下几个原因：可能是这门学科刚入门时孩子基础没打好，

后面的知识越来越深，孩子就更跟不上了，也更不愿意学了；可能是一次考试没有考好，孩子出现了逃避心理，导致厌学；还有可能是孩子不喜欢教这门学科的老师，所以不喜欢学这门课等。先找到原因再解决问题。对于基础薄弱的，要把前面的知识点补上来，越补落的课越少，最后就可以赶上进度了。对于考试失利的情况，要让孩子摆好心态，不要因为一次考试丢掉信心，家长要在孩子有一点进步的时候及时给予鼓励，增强孩子的信心。最难的是孩子不喜欢老师，需要家长多与老师沟通，让老师关注孩子，增强孩子的好感，家长也要多和孩子沟通，让孩子明白学习知识要均衡的重要性，家长可以和孩子一起寻找老师的亮点，帮助孩子增加对这门课的兴趣。需要注意的是，这些过程都是需要时间的，孩子的接受和改变都是缓慢的，家长和老师都要有耐心，允许孩子慢慢地改变。

同时，家长还要做到以下几点：

1. 合理制定目标。

每个孩子的情况不一样，家长千万不要拿“别人家孩子”的标准来要求自己的孩子。要给孩子制定合理的目标，让孩子循序渐进地改变。如果一开始给孩子定的目标过高，一来孩子可能望而生畏，直接丧失努力的信心，二来实现的难度太高，即使孩子尽了全力，依然无法达成，最后家长和孩子都会失望，不利于孩子的改变。最重要的是这种不合理很可能延伸到亲子共处的其他方面，会更加不利于家长与孩子的沟通。

2. 及时肯定，减轻压力。

对于自己弱势的方面，孩子肯定没有兴趣，也没有动力。在改变的过程中，孩子的主动性差，会使改变的效果大打折扣。这就需要家长在督促孩子改变时，对于他的努力及时给予肯定，得到鼓励的孩子，就会提高主动性，家长再加以正确的引导，增强孩子对学习的兴趣，把“要你学”转变为“我要学”，孩子的进步自然会很明显。

3. 紧盯不放不如适度放手。

为了能让孩子改变，像事例中的几位妈妈一样，恨不能分秒不差地盯着他。可越是这样，孩子越无法改变，到底是为什么呢？其实越是强压，孩子越有抵触情绪，倒不如与孩子平心静气地做个约定，然后让孩子按照约定去做，家长只是定期进行检查。孩子感受到家长的信任，就会加强自律，渐渐地就会改变。

“水滴石穿，绳锯木断”，这句古语讲的就是细小改变产生的巨大威力。孩子的教育是个长久的课题，只要家长有耐心，必然会看到孩子的进步！我们要给孩子留足成长的时间与空间，期待“速成”绝不可取！

给大忙人父母敲敲警钟：

教育是慢功，家长要多拿出一分耐心给孩子，多一次机会给自己，让孩子可以有更多的时间来努力、来改变，不要让急于求成害了孩子！

给大忙人父母的亲子备忘录：

1. 多一次肯定，少一次训斥。
2. 量材施教，让孩子量力而行。
3. 相信孩子是孩子自信的基础。
4. 总有好方法可以让孩子改变。

第二节　教育方法不能完全复制

教育孩子不是在流水线上生产产品，教育方法不是模型样板，不能完全复制。

天底下没有完全相同的两片叶子，也没有完全相同的两个孩子。教育孩子贵在“因材施教”，就像裁衣服一定要量体裁衣。然而，有太多的家长奉行“拿来主义”，直接将别人的教育方法拿来套用。一旦发现“拿来”的教育方法不能达到预期目的，便认为问题出在孩子身上。教育孩子是“对症下药”，如果找不出适合孩子的教育方法，那么不管是多么先进的教育理论，都无法教育出优秀的孩子。教育是一门大学问，绝不是靠复制就可以掌握的。

事例一：

快考试了，家长拿来一堆试卷，逼着孩子做。邻居家的非凡就是天天做题，每次都能考第一名。结果，孩子不情不愿地做了一堆题之后，不仅没能考出好成绩，竟然连过去的水平也没达到。

事例二：

家长花巨资买回来一架钢琴，天天让孩子学琴，而且规定孩子每天必

须保证一小时的练琴时间。“你看人家晓峰，比你还小一岁呢，钢琴都过了八级了。你看看你，一个小曲子练了两小时还不成调!”

事例三：

家长去听各种讲座，买各种成功教育的书籍，对照讲座的内容和书籍的观点，将孩子当成“试验品”，逐一将各种方法在孩子的身上试验。这个方法不行了换下一个，那个不行了再换一个，他们认为总归会有一个方法是可行的。结果，孩子要么越来越不知所措，要么越来越叛逆反抗。

看了以上几种情形，家长们是不是会不由自主地说：“对，我家就是这样的。”同时也会感叹，这样的方法确实没能达到期望的目标，反而让家长和孩子的关系越来越疏远。其原因就是，完全照搬他人的教育方法，没有针对自己的孩子进行具体地分析，结果当然是一塌糊涂。

家长总是借口工作忙，把大部分的时间都放在了事业上，对孩子的教育总是在出现问题之后才会重视，而一旦重视又可能会走向另一个极端，恨不能一下子就解决所有问题，很少有家长会思考，到底是什么原因导致孩子出现了这些问题。

原因一：陪伴孩子的时间过少，根本不了解孩子的实际情况。

有些家长回家以后习惯问一句：“写完作业了吗?”只要孩子回答：“写完了。”家长与孩子的交流就基本打住了。接下来孩子和家长就各干各的了，然而孩子是不是真的写完作业了，完成的效果如何，有没有需要指导的地方，家长也没有关心。这种家长不了解孩子的情况，当然也不知道要怎么解决问题。

原因二：拿别人的孩子与自己的孩子比较，把别人的孩子当成“样板”。

如果自己的孩子成绩下降了，家长肯定很着急。尤其是看到身边其他孩子成绩优秀，有些家长立即就让孩子把同学的学习方法照搬套用，结果，事与愿违，不仅没能提高孩子的成绩，还打击了孩子对学习的积极性。

原因三：急于求成，一心想把别人成功的教育方法套用在自己孩子的身上。

“冰冻三尺，非一日之寒”，孩子的问题不可能是短时间内形成的，当然也不可能在短时间内解决。孩子只有找到适合自己的方法，才能逐步成为全面发展的好学生。家长可以从以下几个方面做起。

1. 要随时关注孩子的成长。

关注孩子的心理、身体变化，了解孩子的需求。孩子的成长是个动态的过程，孩子随时都在发生变化。作为父母，必须要拿出足够的时间和精力来关注孩子，关注孩子成长过程中的变化，随时根据变化做出相应的引导。

2. 了解自己孩子的脾气性格。

了解孩子的与众不同之处，借鉴成功的教育方法，但是，借鉴不等于照搬，学习不等于复制，要以孩子的自身条件为前提，摘取适合自己孩子并且孩子愿意接受的方法，运用到家庭教育中，让教育软着陆。

3. 做孩子的倾听者和好朋友。

许多家长在家里为了维护自己的威严，无形之中拉开了与孩子之间的距离。结果家长虽然有了威严，却不能了解孩子的情况，更无法走进孩子的内心。所以，家长要放下架子，与孩子平等相处，做他们的朋友，倾听他们的心声，只有了解了孩子，才能找到最适合他们的教育方式。

4. 和孩子一起学习成功教育。

家长可以带孩子一起听讲座，一起读书，共同寻找合适的教育方法，边学习边沟通。教育的主体是孩子，没有孩子不希望自己优秀。家长和孩

子一起探讨学习，让孩子在看到别人成就的同时，反思自己的不足，同时，家长也能发现自己教育的偏差，及时纠正，找到更好的教育方法。

真正意义上的教育，不仅是让孩子的学习成绩变得优秀，对孩子人格的培养，性格的教导，都属于教育的内容。教育学家经过多年的研究发现，杰出人物的成功是不可以复制的。照搬教育方法不可行，只有因材施教，区别对待，才能培养出真正的人才。

给大忙人父母敲敲警钟：

每个孩子都是独特的，他们的人生都是唯一的。教育孩子最重要的是因材施教，而不是完全照搬别人的方法。抹杀孩子个性的教育不可取。相信自己的孩子是最好的，因为他是唯一的。

给大忙人父母的亲子备忘录：

1. 了解孩子学习的进展，关注孩子作业的完成情况，做到有效地督促。

2. 多和孩子聊天，倾听孩子身边发生的事，分享他的心情，帮他一起解决问题。

3. 准确把握孩子的性格特征，找到最合适的沟通方式。

4. 和孩子共同学习成功的教育理论，各自对照，发现自身的问题，帮助对方找到不足，共同进步。

第三节　急于求成只会适得其反

无欲速，无见小利。欲速，则不达，见小利，则大事不成。

——《论语·子路》

望子成龙、望女成凤是天下父母共同的心愿。社会对人才的要求越来越高，竞争的压力越来越大，身处职场的大忙人父母们已经深切地体会到了。他们希望孩子在未来能轻松快乐。为了让孩子长大之后少一些辛苦，家长们费心费力，想让孩子多学本领，快速成才。

事例一：

琳琳从很小就显露出对音乐的兴趣，她上了幼儿园之后，爸爸妈妈商量着让她学钢琴。琳琳果然没有辜负爸爸妈妈的期望，学习成绩名列前茅，老师也对她赞不绝口，称琳琳是难得一遇的天才。

琳琳的爸爸妈妈都是工程师，平时工作很忙，早出晚归，但对于琳琳学钢琴的事却丝毫不敢放松，稍有空闲就督促琳琳练琴。然而，不到一个月的时间，老师却反映琳琳的表现越来越差！

爸爸妈妈生气之余，专门腾出更多的时间来监督琳琳练琴，希望她能够恢复之前的水准，可是不管他们怎么努力，琳琳的琴技还是没有什么起色，而且每次爸爸妈妈催着她练琴的时候，琳琳的态度也由之前的乖乖听

话到磨磨蹭蹭，甚至顶嘴反驳，消极应付。

爸爸妈妈担心是不是琳琳根本就没有这方面天赋？最后，琳琳的妈妈决定和琳琳沟通一次，了解一下她对学琴这件事的想法。

结果让琳琳的爸爸妈妈大吃一惊！

琳琳说，自己不是不喜欢钢琴，而是对于爸爸妈妈逼着她练琴这件事太过反感，以至于她觉得学琴不再是件快乐的事，而是一种负担，完全没有了兴趣……

事例二：

秋林一直是个尖子生，是爸爸妈妈的骄傲。今年她升了五年级，爸爸妈妈想着平时很少有时间来监督她的学习，在升初中之前得让秋林再加一把劲。于是爸爸专门买了一些适合五年级学生做的习题，让秋林每天做完作业之后进行加强练习。

可是没几天爸爸妈妈就发现，秋林好像有些不对劲。从小秋林就养成了一回家就写作业的好习惯，写作业的时候也非常专注，写得又快又好。这才升上五年级没几天，怎么天天写作业要写到九点多？为了不影响第二天的学习，爸爸给秋林买的习题也没时间做了。

后来，秋林妈妈仔细观察秋林的行为，发现她做作业时间长主要是因为她很磨蹭，拖拉着不好好写，好不容易写完作业，时间也就不早了。难道她故意这样做，是为了逃避额外的习题？

果然，妈妈猜对了，在和秋林沟通之后了解到，五年级的家庭作业本来就多，爸爸妈妈又增加了额外的习题，这些全部做完的话，秋林一点空闲时间都没有了，她喜欢的课外书都没有时间看了。秋林不想变成只会做题的书呆子，所以就采取了这种消极抵抗的策略。

用额外的课业占用孩子们宝贵的玩耍时间，用步步紧逼来扼杀他们的兴趣，不仅没有达到让孩子进步的初衷，还适得其反，可见急功近利的教育是不可取的。欲速则不达。教育是个长期的工程，非一时一日可以取得显著效果，切不可因为只求速度而将孩子逼到相反的路上去。

虽然现在的家长都是大忙人，但是依然可以用一些简单的方法来达到教育的目的，避免出现“官逼民反”的现象。

1. 家长永远要比孩子有耐心，并且要持久地保持耐心。

孩子毕竟年纪小，自律性差，难免会有自己管不住自己的时候。尤其是一些小毛病，可能改过之后，没过多久又犯了。这时候就需要家长的耐心，接受孩子的这种反复，相信孩子可以逐步转变。家长一定要清楚，任何问题的解决都需要时间和过程，凡事不能一蹴而就。

2. 不要把家长的意识强加到孩子身上，增加孩子的压力。

像琳琳学钢琴的例子，其实琳琳本来是喜欢弹琴的，但是家长希望她做得更好，不断地给她施压，结果把她的兴趣给打压没了。虽然家长的出发点是好的，但是方式却错了，这是典型的家长意识的体现。家长总认为自己一切都是为了孩子好，以大人的思维去要求和约束孩子，这种教育方法特别容易产生相反的效果。所以，孩子的学习和生活都要遵循自然规律，不能“强按牛头喝水”。

3. 了解孩子的感受是最大的法宝。

孩子不是学习的机器，学校留的家庭作业是他们必须要完成的功课，除此之外他们也希望有空闲的时间，做一些自己喜欢的事情。如果家长占用这些时间安排孩子继续学习，一定会引起孩子的反感，孩子要么消极应付，要么激烈反抗，最后不仅达不到让孩子进步的目的，反而会激化亲子矛盾，从而产生新的问题。因此，家长一定要考虑到孩子的感受。急于求成不仅没能让孩子得到成长，反而可能给孩子造成伤害。

都说可怜天下父母心，然而，教育不是一辆可以随便加速的汽车，孩子也不是能够无限提速的机器。要想让孩子取得成功，大忙人父母们就要对孩子多一分耐心，少一分急迫。

给大忙人父母敲敲警钟：

“十年树木，百年树人。”教育没有捷径，不能速成，否则就会滋生新问题、新矛盾，会得不偿失，甚至适得其反。孩子如同小树，他的成长是有自然规律可循的，“拔苗助长”不可取。

给大忙人父母的亲子备忘录：

1. 教育没有急行道，岁月有多长，教育的行程就有多长。

2. 成长是要遵循自然规律的，“拔苗助长”不能实现快速成功，反而可能给孩子带来伤害。

3. 多听听孩子的话，了解孩子的感受，不要让“为了孩子好”扭曲了父母的爱。

第四节　给孩子喘息的机会

弦紧易断，做任何事情都要按部就班，急不得。

让孩子成才是家长最大的期望。为了应付未来社会激烈的竞争，孩子们的学习压力越来越大，他们本应该无忧无虑的童年，全部淹没在了学习任务中。就这样还不够，家长一句“我们都是为了你好，为了你将来不辛苦。”就可以一厢情愿地给孩子再增加一门补习课，让他们再加练两遍琴，再多做几道题。不把孩子所有的时间都利用起来，家长就不甘心。

然而，“为了孩子好”是真的给孩子的“好”吗？家长们或许从来也没有考虑过。尤其是在外忙事业回家又要忙孩子的“大忙人”父母们更是如此，他们尽其所能地给孩子安排一个又一个的学习任务，孩子们在重重压力之下，连气都喘不过来了，更无从谈起“快乐”，这样，真的是对孩子“好”吗？

某中学全国闻名，年年都有大批学生考入知名大学，许多家长想尽一切办法把孩子送到这所学校，为的就是让孩子能成功考上名牌大学。这所中学之所以能够实现这样的教学成绩，与他们的全封闭式管理分不开。学校要求学生全部住校，早上五点半起床，除了吃饭睡觉，其他时间几乎都在学习，就算是跑操的时候，学生手中也会拿着书，趁着列队的时候背两个单词。在这所学校里，学生有明确的排名，竞争激烈，每个人都知道自

己如果想考到哪所大学必须要再努力多少，目标非常明确。在这样的教育方式下，这所中学的学生比其他同类学校的学生多做了好几倍的习题，他们把每个知识点都学透彻了，应对考试的方法也掌握得很熟练，考入名牌大学也在情理之中。

然而，就是这样一群尖子生，进入大学校园之后却好像突然变傻了，他们莫名地隐身了。在大学社团里看不到他们的身影，在集体活动上没有他们的表现，即使是班上的活动他们也只是安于一隅。并非是他们不愿意参加这些活动，而是他们一直以来所接受的教育方式，使他们除了读书做题，什么也不会了。在大学里，他们不能融入集体，那么毕业之后走向社会，他们也不能融入职场。这样的学生，是社会需要的人才吗？

大忙人父母会说：“我也心疼孩子，我也不想让他这么辛苦。可是人家都在上课，别人都在学习，可他却在玩，这怎么能行？”那么，让孩子们喘喘气就真的会造成学习成绩的下降吗？答案当然是否定的。已经有资料表明，得到适当放松的孩子，学习效率要远远高于一直处于高压下的孩子。

那么，怎么样才能做到既让孩子张弛结合，不至于被重负压垮，又不会让孩子们过度放松，影响到学习成绩呢？

1. 不要让孩子只盯着课本学习，要让他们张开眼睛看世界，打开耳朵听远方，用一切新鲜的东西来调节大脑。

学校的教育主要是围绕着教材展开的，作业同样也是以教材为中心的。老师在学校已经把知识点都讲过了，也通过家庭作业让孩子们巩固了知识。但是，教材是以基本知识理论为基础的，它们缺乏鲜活度，所涵盖的内容也有限。

家长可以以课本为基础，帮助孩子扩宽眼界，拓展知识。比如有的家长喜欢与孩子聊天，如果孩子这学期学了二战的知识，那就聊一聊那些著名的战役，统帅是谁，他们采取了什么战术，又运用了什么新型武器，其中有哪些趣闻，等等。虽然聊天的出发点是课本知识，但是内容已经扩宽了，通过这样的交流，不仅能让孩子对学习产生浓厚的兴趣，还能让他们掌握不少综合知识。

2. 寓教于乐，把孩子的“兴趣”从兴趣班解放出来。

有个孩子说：“我的兴趣就是在兴趣班上给消磨掉了的。”这样的话反映了一个残酷的事实，孩子的兴趣被扼杀在兴趣班上，既讽刺，又无奈。“我真希望自己是色盲，那样就不用去上美术特长班了！”这是另一个孩子的抱怨，同样是强压下的反抗声音。

家长给孩子报兴趣班、特长班，是希望让孩子能有一技之长。有的孩子甚至一周七天要上六七个课外班，小小的年纪，一点玩的时间都没有，每天疲惫不堪，“兴趣”再也不是最好的老师了。

其实，报兴趣班，要根据实际情况决定。有的孩子确实有某方面的天赋，比如唱歌、画画或者踢球，而且对这些也有兴趣，那就值得给孩子报个班，让他进行专业、系统的学习。但是报了班，家长也不必强求什么结果，只有在自然放松的环境中，孩子才能真正体验到这些学科的快乐，也才能学得更好，这样的结果远胜过重压下的刻意培训。

3. 走出房门，亲近自然。

让孩子放松的最好方法就是走出去，在大自然中发现快乐，培养兴

趣。家长可以在周末、假期的时候，约几个朋友，带着孩子一起去旅游，让孩子认识各种动植物，学会与朋友共处，懂得珍惜，学会分享，这是远比苦读课本要更容易获得成果的成长之道。

为了不让孩子们输在起跑线上，家长们过早地剥夺了孩子们玩的权利，压抑了孩子们爱玩的天性，这样的孩子，还没有开始跑就已经输了！大忙人父母们，如果真的想让孩子成才，就让孩子喘喘气，拥有一个快乐的成长过程吧！

给大忙人父母敲敲警钟：

哪里有压迫哪里就会有反抗。教育孩子是为了孩子的成长。只有张弛有度，减轻压力，才更有益于让孩子专心学习，同时提升他们的综合能力。

给大忙人父母的亲子备忘录：

1. 弦紧易断，适度就好。
2. 别用兴趣班来扼杀孩子的兴趣。
3. 要让孩子“有效地学”和“放松地玩”。
4. 家长不是教育的管教方，而是孩子学习的参与方。

第五节　找准问题所在

多一把衡量的尺子，就会多出一批好学生。

大忙人父母们由于受到时间和精力的限制，期望找到一个高效率的教育方法，只是很多家长在做了多种努力之后发现，越急于求成，越会把事情弄糟，孩子的问题反倒更多了。这让大忙人们本来就捉襟见肘的时间更加不够支配，而他们更加想要提升教育的效果，最后落入了恶性循环的怪圈。有些家长开始怀疑，是不是自己的孩子太笨，不管怎样的教育方式都不会起作用。

爱因斯坦小时候为了完成学校的手工作业，做了三个效果不同的板凳，并且将它们一起带到了学校。当老师举着他的手工板凳问："这世界上还有没有比它更丑的板凳?"时，爱因斯坦取出了另外两个，是他之前做得更差的作品，样子更丑。

这个故事被人们熟知，爱因斯坦后来的成就大家也有目共睹。有人说这反映了爱因斯坦的努力；有人说这反映了老师的无能，发现不了天才，如此伟大的科学家在幼年时被老师一再否定。由此可见，孩子在一些方面表现得不突出，并不等于他会一事无成，不管是老师还是家长都不该随便否定一个孩子。

允哲是幼儿园中班的学生，上绘画课的时候，总是呆呆地坐在那里不动笔，老师问他怎么了，他也不说，追问得紧了，他就哭闹。为了不影响其他学生，老师只好暂时安抚住他。课下老师和家长进行了沟通，希望家长配合了解允哲为什么会有这样的表现。

允哲爸爸从小就是班里的文艺骨干，画画更是拿手，自己的孩子居然在绘画课上不动笔，这让他非常生气，回家冲着允哲就是一顿吼，允哲大哭一场，可事情仍然没有解决。

允哲妈妈觉得允哲这样做一定有他的原因，就特意拿出他之前非常喜欢的简笔画图册放在了显眼的地方。

果然，妈妈看到允哲悄悄地画画，但是当妈妈一靠近，他立即就把书丢下。妈妈很随意地拿出画笔和纸，画出允哲喜欢的小猴子，还和他讲孙悟空的故事。允哲渐渐放松下来，也学着妈妈的样子画猴子，可是他画得非常古怪，丑得很。允哲敏感地发现妈妈的反应，立即用手遮住画。妈妈却夸他把猴子的眼睛画出了神韵。允哲低下头说：“我画得不好，爸爸会生气。”妈妈温柔地说：“每个人都是一点一点学会画画的，今天你画好了猴子的眼睛，明天可以学会把它的鼻子画好，后天再学一点。积少成多，妈妈相信你肯定能画好的。”允哲这才放开手，在妈妈的帮助下，继续画了下去。之后，妈妈多次鼓励允哲画画，在幼儿园，允哲终于也敢尝试着画画了，后来还在比赛中拿了奖。

其实，允哲拒绝画画是因为爸爸画得非常好，他担心自己画不好会惹爸爸生气，宁愿选择逃避，放弃尝试。妈妈的安慰和鼓励让他有了信心，放松之后的他终于把绘画的天分释放了出来，取得了不错的成绩。由此可见，并不是允哲不会画，不能画，只是他因害怕而不敢画。妈妈找到了症结，就解决了问题。

天昊是个性格倔强的小男生，上课不主动举手发言，不论老师怎么引导、鼓励，都没有效果。老师向家长反映情况，天昊的父母也很无奈，他们工作都非常忙，出差的时间也很多，和天昊在一起的时间本来就少，沟通就更少了。他们和天昊就上课发言的事情沟通，结果天昊极为恼火，冲着爸爸妈妈大吼："你们少管我！"

天昊的情况要复杂一些，他不说话，而且有反叛顶撞的行为。老师和家长多次沟通之后了解到，天昊的爸爸妈妈非常忙碌，在家的时间有限，不要说陪伴，孩子见到他们都很难。平时在家陪着天昊的是保姆，可是保姆只负责照顾他的生活起居，并不和天昊谈心聊天，这才导致他养成了孤僻倔强的性格。

天昊不愿意在人前说话，并不是胆怯，而是逆反的表现。所以当爸爸妈妈问他为什么在学校不主动举手回答问题时，他会觉得，你们一直不管我，现在才想起来管我？他当然不会与家长好好沟通。像天昊这样的孩子，缺少的是关爱，是陪伴，只有解决了这个问题，才能改变孩子的情况。

经过老师和家长的反复沟通，天昊的爸爸妈妈也意识到这样不利于孩子的成长。他们商量之后决定，两个人中的一个调离现在的岗位，多在家陪伴孩子。而周末、假期等时间，爸爸妈妈也要和天昊一起外出旅行，参

加朋友聚会等，和天昊一起享受快乐的时光。

通过一段时间的改变，天昊的笑容多了很多，上课的时候也乐于积极回答问题了，他不仅学习成绩有所提升，还被同学们推选担任了班干部。

由此可见，没有哪个孩子的问题是解决不了的，主要是看是否找到了“症结”所在，能否做到“对症下药”，因材施教。

找准“症结”要注意以下几点：

1. 观察孩子的表现，确定问题的实质。

像天昊的行为，从表面上看是他不喜欢回答问题，但实质上是缺少父母陪伴导致他性格孤僻。找到了问题的实质，家长也积极地进行了调整，给予孩子足够的关爱，多陪着他体会家庭的温暖，解决他的问题就易如反掌了。

2. 有耐心了解孩子的特点，适应孩子的个性。

每个孩子都是独特的，都有专属于自己的特点。人的多元化，体现在语言、音乐、数学、逻辑等各方面，并非每个人都能在各个领域取得杰出成绩。家长首先要认清这一点，才能保持平常心，有耐心地去了解孩子。有位歌唱家是男中音，当时正是男高音流行的时期，他一度被认为没有什么前途，直到遇到一位音乐学校的老师，老师发现他的声音非常美妙，一下子挖掘出了他的潜力。

3. 家长要比老师承担更多的教育责任，要能看清自己孩子的优点和缺点。

老师面对的是一群孩子，而家长面对的，是一个孩子。有个孩子，老师跟家长反映他说话结巴，家长也意识到孩子在家的时候很少说话，说得也不是很利索。原来是孩子有段时间回乡下老家，遇到一个结巴的孩子，他觉得好玩就学了起来，没想到自己真的结巴了，受到大家的嘲笑之后，他更不敢说话了。后来在爸爸妈妈耐心的引导下，他才重拾了信心，恢复了清晰的表达能力。

没有教不好的孩子，只看是不是找对了问题所在，是不是用对了方法。教育孩子要因人而异，具体问题具体分析。相信每一个孩子都会有光明的未来，因为他们中间就隐藏着发明家，潜伏着科学家！

给大忙人父母敲敲警钟：

成长总是伴随着各种问题，父母们要剖开现象看本质，找到问题的关键所在，挖到根源。只看到问题的表面就仓促处理，不仅解决不了问题，还容易加深矛盾，滋生新的问题，甚至会毁了孩子的未来！

给大忙人父母的亲子备忘录：

1. 遇到问题，不要急于指责孩子，要看清事件背后的原因。
2. 抓住问题的关键，才能找到正确的解决方法。
3. 了解孩子的个性，不同的孩子用不同的方法对待。

第六节　换位思考，效率和感受哪个更重要

爱孩子是母鸡也会做的事。可是，要善于教育他们，这就是国家的一件大事了，这需要才能和渊博的生活知识。

——高尔基

孩子的成长过程是漫长的，每个孩子又存在智力、接受程度、对各类学科的敏感度等各方面的差异，他们的进步是一点一点产生的。家长如果急于求成，希望孩子成长的效率达到最佳、最高值，结果却让孩子失去了学习的兴趣，享受不到汲取知识的快乐。

有的家长会说："寒窗苦读，既然是学习，当然要刻苦！要是顾及孩子的感受，他当然是愿意玩不愿意学习了！"确实如此，玩要带给孩子的是轻松快乐，他当然愿意玩。然而，如果学习对于孩子来说只意味着"苦读"的话，又怎么让孩子在十几年的学习生涯中坚持下来呢？换位思考，如果一边是轻松自在的玩游戏看电视，一边是枯燥乏味的专业论文撰写，家长更愿意做哪一个呢？如果不是不得不做，恐怕家长也不会选择写论文吧？换位思考，成年人如此，孩子的行为又有什么不可以理解的呢？

家长和孩子之所以出现矛盾，多是由于家长不能换位思考，不能体会孩子的感受，一味地从家长的角度去决定事情，用家长的观点来认识事情，实际上，孩子的感受和家长的想法是完全相反的，这就造成了亲子关系的紧张。

有一位育儿心理学家举行了一场关于亲子关系的咨询会，为了方便孩子们倾诉心声，心理学家单独和孩子们见面。她听到了这样的话：

一个小学六年级的小姑娘说：“我马上就要考初中了，学习很紧张，我知道应该好好学习，爸爸妈妈也在不断地督促我，可是他们一直在吵架，我在学校时时都会想着，会不会今天我回家时他们就已经离婚了?”

一位初中男生说：“我最烦我妈了，原来她不这样的。之前妈妈很温柔，跟我说话也是柔声细语的，可是现在，她就是个话痨，没完没了地絮叨，烦死了!”

这是孩子们的心声，那么家长呢?

有位家长拉着孩子进门，第一句话就揪着儿子新潮的发型说：“老师你看，这是什么玩意儿?这哪有一点学生样儿?”孩子不满地大力甩开妈妈的手。其实在心理学家的眼中，这小男生的发型很酷，他是个很阳光的孩子。心理学家让妈妈安静地坐在一边，自己与小男生聊天。没多久，小男生就和心理学家聊得十分投机，关于流行音乐、足球赛事、军事科技都能聊起来。一边的妈妈忍不住说：“哎，你在家怎么一句话也不和我说啊?”

还有一位家长带着孩子进门就对心理学家说：“这孩子心理扭曲，有病，您赶紧给治治!”孩子暴怒，抄起手边的杯子就向妈妈扔了过去：“你才有病，该看病的是你!”两个人当着心理学家的面就打了起来!

在这些家长的眼中，孩子变得冷漠、怪异、孤僻、易怒，和家长几乎是零交流。孩子不懂事，不能体谅父母的辛苦，还不断地给家长惹麻烦，有的家长感叹：“我家的孩子，对谁都好，就是对我和他爸爸不好。”

家长最在意的，是孩子的学习，只要是为了学习，家长都有求必应，反之，只要是影响学习的，家长都坚决杜绝。然而，只追求学习成绩，只

希望提高学习效率的做法对吗？

有位家长曾反映：“我家孩子其实不错，从小到大学习都很好，老师和同学都很喜欢他，他对邻居亲戚也有礼貌，可就是在家里，对我们莫名其妙就发火，我有时候都不知道到底是哪里惹了他。这才上高一，他天天就想着快点考上大学好离开这个家，搬出去住了！真是太让人伤心了！”

不管学习成绩优异与否，孩子们都有自己的需求，并不是家长认为的“为他好”就一定是孩子想要的“好”。要想和孩子真正地交心，一定要学会换位思考，真正考虑到孩子的感受。

1. 家长要了解孩子感兴趣的事物，不要与孩子产生“代沟”。

现在是信息大爆炸的时代，孩子接受新鲜事物的速度要远远超过成年人。家长与孩子沟通不畅，很多情况下是没有共同的话题。家长和孩子一说话就是：“今天作业做了没？最近考试了吗？有没有和同学闹矛盾？”天天这样问，孩子怎么可能还和家长有话说？都说“话不投机半句多”，家长也不会愿意和一个没有共同语言的人聊天吧！

2. 看到孩子的不足，更要看到孩子的进步。

孩子考试成绩下降了两分，家长就着急得不行，想着要不要给孩子报个补习班。孩子和同学有点小矛盾，家长又紧张得不行，打电话问老师是不是我家孩子有暴力倾向啊？然而，事实有可能是这次考试的题偏难，虽然分数有所下降，但是孩子的实力却是提升了的。和同学也不是闹矛盾，只是为了竞选班干部展开的正面较量。当家长看到事实的真相，是不是会感觉冤枉了孩子？

3. 不给孩子设定人生，只是给他适当的庇护。

有个离异家庭的妈妈，一个人带着孩子，再苦再累也不想委屈孩子。而且，为了不让孩子心灵受伤，她一直没有告诉孩子爸爸妈妈已经离婚的事，只是说爸爸在外地工作。妈妈认为这是在保护孩子。然而，孩子很快

就知道爸爸妈妈离婚了，而且是从其他小朋友的嘲笑中知道的。孩子觉得爸爸妈妈欺骗了自己，而妈妈的保护更像是压力，让他喘不过气来。

孩子是独立的，他的人生应该由他做主，同时他也有权利知道自己生活发生的变化，过度的庇护实际上是不恰当的爱，反而会增加孩子的压力，阻碍孩子的成长。

望子成龙是美好的愿望，但是“成龙”并不一定是孩子最好的未来。家长倾尽全力给孩子的，并不一定是孩子最想要的。请每一位家长都学会换位思考，真正从孩子的角度去考虑，不要追求成才的效率，而是多关注孩子的感受。

给大忙人父母敲敲警钟：

孩子是独立个体，不是家长的私有物，更不是家长实现自己愿望的代替品。一味地追求成才而忽略了孩子的感受，最后的结果一定是孩子失去快乐，性格走向极端。学会换位思考，不把家长的意志强加在孩子身上，才能享受幸福的亲子关系。

给大忙人父母的亲子备忘录：

1. 从孩子的角度去看问题，能更准确地知道孩子想要什么。
2. 试着做一次“孩子”，或许你会有不同的决定。
3. 不要用家长的意志“绑架”孩子。

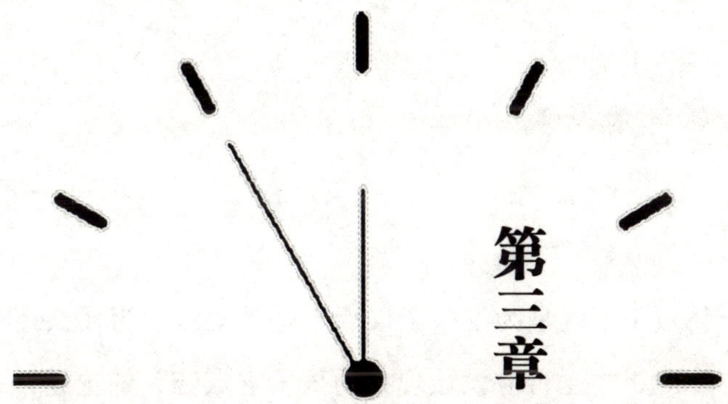

第三章

挫折教育：锻炼孩子强大的内心

第一节　要舍得让孩子早吃苦

苦难是人生的老师。

——巴尔扎克

“我苦点累点，不就是为了孩子以后不吃苦吗？我为什么还要刻意让他去受罪呢?”对于“是否应该让现在的孩子吃点苦”的论题，有许多家长是这样回答的。吃苦，这个词离现在的孩子越来越远。什么是苦，什么是累，孩子们都非常陌生。家长个个忙得手脚不着地，恨不能一个人分成几个人忙，可是他们却舍不得让孩子受一点委屈，吃一点苦。

家长们也知道溺爱有时会害了孩子，可仍然“明知不可为而为之”，这其实是一种侥幸心理。家长们认为自己的孩子本性好，吃不吃苦对他的成长根本没有影响。明明条件很好，却非要让孩子吃苦受累，家长们实在是舍不得。甚至有些家庭条件不是非常好的，为了满足孩子，家长咬牙也要实现孩子的愿望。殊不知，这样只会培养出自私自利，索求无度的孩子，孩子不理解父母的期望，不能体会家长的辛苦，稍有不满就抱怨反叛，这种不懂事的孩子正是家长们百般疼爱教育出来的。

俗话说：“吃得苦中苦，方为人上人”。《孟子·告子下》中说：“天将降大任于斯人也，必先苦其心志，劳其筋骨，饿其体肤，空乏其身，行拂乱其所为，所以动心忍性，曾益其所不能。”这些名言警句讲的全是吃

苦在成长中的重要意义。

没有过饥饿的感受，就不可能明白食物的珍贵，不懂得“一粥一饭，当思来之不易；半丝半缕，恒念物力维艰。”就不能感受到饱受饥寒的可怜，就不会有同情心和爱心。

《西游记》中，师徒四人走了十万八千里，为求取真经，历经九九八十一难，数次生死攸关，最终得以修成正果。手捧真经，他们最感叹的，也许不是这真经有何等珍贵，而是这一路上的不易吧！

勾践作为一国之君，被俘后，被贬为马夫，为了能有复国之日，他忍受着非人的折磨，承受了常人都无法面对的凌辱，这才得到归国的机会，他卧薪尝胆，强兵富国，终于率兵灭吴，一雪前耻。

而现在的年轻人，普遍抗压性差，听不得一点逆耳的话，太过安逸的生活让他们受不了半点挫折，稍有挫败就容易走向极端。每年高考之后，常于媒体中听闻某些考试失利的考生选择自杀，这些孩子都是父母千疼百爱长大的，家长们有没有想过，是什么让这些孩子如此脆弱？

苦，确实是种折磨，但更是一种锻炼。人生难得的资本正是来自于吃苦。

有的家长说了：“我家的孩子根本没有条件吃苦，他什么也不缺，就算是让他们吃粗粮、穿布衣，他们也不能体会到我们当年挨饿受冻时的感受。”然而，“吃苦”又岂是“吃粗粮、穿布衣”所能涵盖的。

我们所讲的“吃苦”是以培养孩子独立为目的，不娇惯，不放纵，让孩子与家人共同承担生活中的普通事务，不做“小皇上”，要做“当家人”。

六年级的晓语马上就要面临中考了，与其他如临大敌的父母不一样，晓语的爸爸妈妈并没有着急上火，一切的学习和生活都让晓语自行安排，以保证学习的效率和进度。果然，看上去轻轻松松的晓语考出了非常不错的成绩，顺利地升入了市属重点高中。

晓语从小就是这样，爸爸妈妈对她的管教并不是很多，她自己的事情就自己来决定、安排。有些她确实做不了的事，爸爸妈妈会协助她，但是主意还是晓语自己拿，力所能及的事情也要自己做。不仅如此，在安排好自己的事情之外，她还要和家长一样承担家务，假期的时候还会到乡下老家去体验下地干农活的辛苦。每周妈妈会给晓语一些零花钱，这些钱她并没有买玩具或零食，而是攒起来，有的买了书，有的买了文具，有的还捐赠给了贫困山区的孩子。

晓语的父母一直认为，孩子的人生是属于她自己的，以后的世界也是她独自面对的，只有让孩子具备了应付一切未知事物的力量才是真正的爱她。因为，没有父母能一直陪孩子到永远。

看到晓语的成长，大忙人父母们可以认识到，让孩子越早“吃苦”，越有利于他的成长。

如何让孩子在经济条件优越的情况下“吃苦”呢？吃苦的目的既然是独立，那么吃苦就要围绕如何增强孩子的自立能力展开。

1. 自己的事情自己做。

独立的孩子首先一定是能照顾自己，能够把自己的事情办好的。最基本的，要能够把自己的学习用具整理好，摆放整齐，能安排好自己的学习计划和游戏时间，即使是爸爸妈妈不在家的时候，也能够照顾自己的生活起居。

不同年龄段的孩子，对他的自立能力要求也不同。培养孩子的独立并不是让家长一下子就撒手不管，而是要根据孩子目前能够做到的程度，一步一步地放手，让孩子一点一点地成长。重点是，让孩子从意识上认识

到，自己的事情必须自己做，爸爸妈妈可以帮助，但不能包办，也不会代办。

学习照顾自己也是一种能力，开始难免磕磕绊绊，但是只要坚持让孩子锻炼，家长做好保护措施，独立并不是难事。

2. 孩子和家长一样，是家庭中的成员，没有特权。

“孩子还小呢，以后再做这些吧。”许多家长以这样的理由不让孩子参与家务，即使是一起外出旅游，一切的安排都是家长来负责，孩子只管玩。独立的孩子一定要参与家里的事情。小到共同承担家务，大到安排一场家庭出游，这些都是可以放手让孩子去做的。独立是一个由小到大的过程，如果一直不让孩子接手一些力所能及的小事，怎么能放心让他去完成一个更为复杂的事情呢？要想让孩子以后顶天立地，就先让他在家里站起来，成为爸爸妈妈骄傲的“顶梁柱”吧！

3. 安排适当的机会让孩子感受饥寒，珍惜劳动，领悟爱心。

宇翔的妈妈因为加班，没能按时接他下课，妈妈赶到的时候天已经很晚了，还下着雨，宇翔又冷又饿。从学校出来，母子俩打算在外面吃完饭再回去。

小区不远处有个快餐店，老板是一对夫妻。宇翔和妈妈点了馄饨和烧饼。由于没有其他客人，老板就和他们聊了起来。老板的儿子今年高考，孩子的成绩很好，一定可以考个很好的大学，只是大学学费很高，老板夫妇就想着，多辛苦一点，多挣一点钱，早些把孩子上大学的学费攒够。

宇翔的妈妈和店老板聊天的时候，宇翔一直没有说话。等他们吃完饭结账的时候，宇翔突然对店老板说：“伯伯，要挣钱也要注意身体，不要太辛苦了，不然大哥哥也会心疼的。”一句话把店老板感动得不行！

其实，孩子是非常敏感的，他们的本性也都是善良的。他们能体会到饥寒，更能体会到家长的努力和辛苦。身边处处有故事，“吃苦”教育是为了让孩子懂得付出才有回报，珍惜劳动所得，爱惜自己的亲人。

给大忙人父母敲敲警钟：

不经历风雨怎能见彩虹。让孩子早些“吃苦”，孩子就会早一点认识到努力的真谛，才会更懂得珍惜自己所拥有的。早些“吃苦“的孩子会更懂事，能独立照顾自己和家人，也更能抵抗来自外界的压力。

给大忙人父母的亲子备忘录：

1. 越早让孩子“吃苦”，越能让孩子早一点强大起来。

2. “吃苦”并非是刻意为之的苛刻生活，而是让孩子承担他们应该承担的责任，尽他们应尽的义务。

3. 好孩子都是培养出来的，留一半风雨给他去历练成长吧！

4. 给孩子“吃苦”的机会，不要让娇惯害了孩子。

第二节　拒绝孩子不合理的要求

合理地拒绝一些东西，才能得到更珍贵的东西。

社会的快速发展，让人们的生活水平得到大幅度的改善，也使信息的交流达到前所未有的速度，随之而来的，是人们越来越浮躁的心性，太多的诱惑难以取舍，甚至有人患上了选择恐惧症。成年人况且如此，更何况孩子，他们不知道如何去分析辨别，结果，任性、要强、自私、攀比成为很多孩子的标签，尤其是独生子女，这样的表现更为突出。家长很可能短时间内意识不到这些情况的严重性，再加上大忙人父母们平时缺少陪伴孩子的时间，满足孩子的需要成为他们的一种弥补手段，这无形中滋长了孩子“要什么就有什么，想怎么样就能怎么样”的心理，这对孩子的成长非常不利。

随着孩子的成长，他们对外界环境的了解越来越多，认知的增长会使他们向家长提出一些不合理的要求。比如：

第一，父母无法达成的要求。

在一个月收入不过五千的家庭里，刚上小学的孩子为了和同学攀比，一定要买一部新上市的苹果手机，不然就拒绝去学校，这样的要求家长无法承担，这时候家长必然是火冒三丈。可反思一下问题又出在哪里呢？

第二，有损身心健康和成长的要求。

比如孩子着凉了，却贪吃冰淇淋，不然就会哭闹。再比如，已经是初中生了，孩子还不会自己整理屋子，事事都要家长代劳，没有自理能力。

第三，具有危险性的要求。

马上要坐公交车了，孩子却偏要吃带竹签的食品。或者非要拿着较长的玩具刀具追逐打闹。

第四，拒绝与人分享。

不管是在家里还是学校，有些孩子要求所有玩具都归自己，别人谁也不许碰。

诸如此类的情况，相信家长们并不陌生。有的家长感叹："我天天这么忙，累死累活的，不都是为了他吗？可是他怎么能这么不懂事呢？"其实，孩子提出不合理的要求并非事出无由，有些要求是不是不合理还要具体分析；有些确定的不合理要求，家长就要坚决拒绝。

哪些要求是需要分析之后才能确定是否是不合理的呢？

第一，好奇心。

好奇心是孩子难能可贵的品质，也是他们学习中最大的动力，尤其是年纪比较小的孩子，很多东西对他而言都是新鲜的，他们会非常乐于这个试试，那个尝尝。然而孩子并不懂得这些尝试是否存在危险，是否会破坏东西，是否会影响到家长的正常安排等，他们只是基于自己的想法去行

动。这种情况，家长要多注意判断，不要打击了孩子的好奇心。

第二，控制欲。

家里的孩子是大人的宝贝，一切都围绕孩子来做。可是当家长比较忙，抽不出时间来陪伴孩子的时候，他可能会产生“爸爸妈妈是不是不爱我了?”这样的担心，因此他会提出一些不合理的要求来吸引家长的注意。这个时候就需要家长自我反省，看是不是因为自己太忙而忽略了孩子。

还有的孩子享受家长被他控制的感觉，毕竟家长都是大人，大人听孩子的，孩子会觉得这是值得骄傲的。如果确认了家长还在他的控制之下，他心里就会感到满足。但是，过度任性的要求家长一定要拒绝。

而有一些非常明确的不合理的要求，家长不需要太多的分析就可以断定。这些决不能纵容，要坚决拒绝。

第一，占有欲过强，不懂得分享。

现在很多的独生子女家庭，孩子已经习惯了家里的玩具都是自己的，等到了集体中生活，这种理念依然存在，强烈的占有欲会让孩子变得蛮不讲理、自私自利。

第二，自己的事情不能自己做。

明明是自己能够处理的事情，孩子却偏偏要求家长来替自己做，这是懒惰的表现。比如，孩子明明已经能够自己走路却偏要大人一直抱着；明明闹钟响了，可就是不起床等。

对孩子的上述不合理行为，家长一定要拒绝，这也是让孩子健康成长的必然选择。拒绝孩子是为了让他得到更多良性的教育，但是，家长要根据事情的不同起因、孩子的不同年龄段和孩子的心理承受能力来区别对待，用最合适的方式来拒绝。

首先从年龄段来说，不同年纪的孩子对语言的理解能力不同，自我意识的强弱也不同。

两岁以下的孩子理解能力还不高，表述能力也不强，家长在拒绝孩子的不合理要求时，语言要简单明了，直截了当，用“不可以”或者否定、阻止的手势来表示，让孩子迅速地理解家长的意思。

三四岁的孩子刚刚有了自我意识，这是第一个不听从家长的叛逆期。对于这个阶段的孩子，拒绝他的不合理要求要冷处理，比如让孩子在吵闹时没有观众，这样他便闹不下去了。

再大一点的孩子，他们已经能够分析和判断了，亲子之间的沟通就显得越发重要起来。

1. 家里要事先明确规定与禁令。

这些条款如果是家长和孩子都能涉及的，家长一定要带头遵守，给孩子做出表率。比如，吃饭的时候不能看电视，孩子看到家长也能做到，便会自觉遵守规则了。

2. 等孩子冷静下来之后用引导的方式让他理解。

比如孩子要求买过度奢侈的物品时，家长明确表示不同意之后让他自己先冷静一下，然而再跟他讲道理。

3. 转移注意力。

被拒绝的感觉非常不好，孩子很有可能在一段时间内不能冷静思考。这时，家长可以转移他的注意力，用孩子更感兴趣的事情来冲减他被拒绝的沮丧。

4. 讲道理。

不答应孩子的要求，是因为要求不合理。有一点家长要注意，拒绝的理由一定要合理，不能无故欺瞒孩子。

5. 让孩子明白“后果自负”。

孩子的认知有限，有时候即使家长把道理讲清楚了，他们可能依然不能接受。这时候就要让他们感受一番假如按他们的要求做了，会有什么样

的后果。比如，马上要坐公交了，孩子哭闹着一定要吃带竹签的食品，家长可以在上车前用竹签扎扎孩子的小手，只要让她感觉到一点痛就好，让他明白自己的要求会带来多么危险的后果。

6. 坚持原则，绝不妥协，要求一致，不朝令夕改。

孩子被拒绝了就会哭闹，会发脾气，有些家长一心疼可能就妥协了。这样就会让孩子觉得，有些招数是可以应对家长的，那么他们下一次还会故技重施。所以家长一定要坚持原则，树立自己在孩子心中的威信。

孩子的不合理要求绝不能纵容，家长要采取合适的方式来进行拒绝。尝试过被拒绝的感受，孩子的心性才会更加成熟，他们才能更加明白是非。

给大忙人父母敲敲警钟：

满足孩子所有的要求并不是真正的爱孩子，一味地纵容其实是在害孩子。当孩子提出不合理的要求时，大忙人父母一定要拒绝。不要因为陪伴孩子时间少就感到内疚进而失了原则，更不能把爱与不合理的要求变成交易。

给大忙人父母的亲子备忘录：

1. 由俭入奢易，由奢入俭难。不要给孩子放纵的体验，不给不合理的要求放水。

2. 了解孩子提出不合理要求的原因，保护孩子的自尊心。

3. 拒绝孩子的不合理要求，同时给予他温和的爱护，让他明白你的爱。

第三节　不要“替他做”，要“让他做”

我们虽然可以靠父母和亲戚的庇护而成长，倚赖兄弟和好友，借交游的扶助，因爱人而得到幸福，但是无论怎样，归根结底人类还是要依赖自己。

——歌德

为了提升家庭生活的质量，大忙人父母们可以说是殚精竭虑，每天的工作占据了绝大部分时间。父母如此忙碌，希望自己的孩子能更懂事，可现实的情况是，孩子不仅不能分担家务，反而要父母在忙碌一天回到家后再来收拾他造成的各种“局面”。

有些父母感叹：“孩子什么时候长大啊？能让我减轻点负担。”立即会有人反驳：“孩子是你的，多大你都得替他操心，你会有数不清的事要替他做。”老人们会告诉年轻的父母：“孩子小的时候你怕他冻了饿了；大了点要操心他是不是好好学习，团结同学；考试的时候担心他发挥失常；毕业了又操心他找什么工作；好不容易上班稳定了，又操心这孩子什么时候谈对象啊，要找个什么样的人才好呢；找到对象了还要操心对方人品怎么样，亲家又是什么情况；再接下来等他有了孩子，你不还得帮他带？又一轮开始了！”

的确如此，家长总有操不完的心，但是这些操心的内容，是不是全部

都应该由家长包办呢？当然不是。孩子成长的过程中，有许多事情完全可以自己去处理，只是由于家长过度保护，包办一切，才造成了孩子“总也长不大”的情况。家长这么做，无外乎以下几个原因：

原因一：孩子力量不足，容易造成危险。

在孩子年纪尚小时，还不能判断哪些事情是危险的，而且由于其行动能力有限，有些动作不能达到安全指标，就会有受伤的可能。比如倒热水、削水果等，孩子手劲小，控制不好力度，掌握不好平衡，容易受伤。这样的事，家长一定会代孩子去做，目的是保护他。

原因二：孩子的好奇心很强，容易触发危险。

比如热水锅上腾起的水雾，孩子觉得好奇去抓，就可能被热气所伤。再比如，电源插座，孩子会奇怪为什么插上插销电器就会通电，也学着大人的样子去做，手指可能会触到金属片导致触电事故。所以，这些事家长会禁止孩子去做。

原因三：家长认为孩子还小，没必要分担家务。

比如家务活，孩子小的时候家长舍不得让他做。等到孩子大了，离家上学，开始集体生活了，才发现孩子连自己的生活都不能自理，家长这才着急了。

以上几种原因造成孩子的思想里总有些事“不能做”“不许做”“不必做”，而家长代办一切也会助长孩子的依赖性、懒惰，造成孩子自理能力差，不懂得体谅家长的辛苦，会提出过分要求等。在新闻报道中曾出现过“大学生把脏衣服寄回家让妈妈洗”的事件，甚至还有一些“陪读妈妈”的存在。一个已经踏入大学校园的成年人，依然要像襁褓中的婴儿一样受到妈妈无微不至的照顾，自理能力差到什么程度，真是让人震惊！回头想想，正是家长“替他做”扼杀了所有“让他做”的可能。没有让孩子学习和体验，就没有孩子的成长。只有用“让他做”代替“替他做”才能

彻底扭转这种局面。“让他做”不仅能把大忙人父母们解放出来，还可以提升孩子各方面的能力。如果孩子能有良好的自理能力，家长便不必再操心他是否写完作业了，上学有没有少带课本，天气变化时是否懂得增减衣服等。

孩子的能力是培养出来的，只有亲身去做他才能掌握学习和生活的技能。家长们可能会担心：“孩子万一伤到怎么办？”“他们能做好吗？”“他们做了家长还要返工，那不是添乱嘛！”其实，“让他做”和“替他做”并不是毫无关联的，不是说让家长一下子大撒手，什么都不管了，关键是家长要掌握好两者之间的配合。

1. 家长要从思想上让孩子明白，哪些事情是自己的事，让孩子认清自己的责任范围。

比如自己起床、洗漱、整理房间和书包，这些事情都属于自理事务，要从很小的时候就明确告诉孩子，自己的事情要自己做，不能让孩子对父母产生依赖。

2. 家长要给予孩子必要的指导，要手把手地教他，直到孩子掌握。

孩子小时候自己穿衣可能会系错纽扣，穿鞋子分不出左右，整理文具会丢三落四等，这些现象在孩子学习自理的初期经常出现。家长要做的，是告诉孩子怎么做是正确的，这样孩子才不会在出现错误时手足无措，不会产生“爸爸妈妈不管我了、不爱我了”的想法。

3. 家长要做到必要的保护。

对有安全隐患的事，家长在教孩子操作时，一定要事先说明，明令禁止错误操作。为了让孩子认识到危险的严重性，家长可以跟孩子一起通过书籍、影像等途径进行了解，引起孩子足够的重视。孩子初学时，家长要在一旁做好必要的保护措施。

4. 给予孩子成长的机会，让他能有自己完成事情的体验。

现在有很多孩子出现了高分低能的情况，这主要是家长在平时的教育

中没有注重培养孩子在生活能力方面的学习和体验。孩子也是家庭成员之一，家长可以进行人员分工，分给孩子一些他们力所能及的家务。比如擦桌子、扫地、浇花等，教给他们怎么去做，明确做事达标的要求，等他们能独立完成的时候，就可以把这些事“承包”给他们。能帮父母分担家务，孩子的心里是很高兴的，做完家务之后也是非常有成就感的。这些体验能增强孩子的自信，让他们觉得自己可以帮得上父母了，这也是孩子成长的表现。

大忙人父母们，不要再抱怨孩子长不大，也不要再责怪孩子什么事情也不会做了，反思一下自己是否给过孩子学习和体验的机会，“替他做”了那么多年却要求孩子一朝就能自理，这是不可能的。要想真正从忙碌中抽身出来，从现在开始，把“替他做”变成“让他做”，相信你的孩子一定能给你带来一个又一个成长的惊喜！

给大忙人父母敲敲警钟：

家长千万不要以“孩子还小”“这些他做不了”等借口来阻断孩子成长的道路。无论什么时候开始教育都不会晚，把“替他做”变成“让他做”，即使他是摇晃着走出前几步的，但以后他一定可以走得稳健，走出一条属于他自己的路！

给大忙人父母的亲子备忘录：

1. 别总是抱怨孩子，问题可能出在家长的身上。

2. 家长不可能陪孩子一生，总有一天要放手。不想让孩子摔得多、摔得痛，就教给他站稳走直的本领。

3. 越早放手，孩子就成长得越快。

4. 孩子的人生是属于他自己的，家长“替他做”却不能“替他过”，那不如就“让他做”。

第四节　尝试“失败”的滋味

不会从失败中找寻教训的人，他们的成功之路是遥远的。

——拿破仑

“失败是成功之母。”这句话家长并不陌生，可是没有一个家长愿意让孩子品尝失败的滋味，毕竟它不是甜蜜的。家长再忙、再累，也希望尽一切力量让孩子享受安逸，不愿意让孩子吃一点苦，受一点罪，更何况是承受失败之痛。

某个象棋训练班发现了一个非常有天赋的孩子，他们力劝孩子的家长让孩子参加正规训练，教练保证孩子一定会取得好成绩。果然，孩子入队之后训练效果非常明显，大家都说这个孩子以后说不定能参加国际比赛。家长和孩子都非常高兴，信心十足。初期参加的几场比赛也确实证明了这一点，孩子总是名列前茅。

第一次参加市级比赛的时候，孩子满怀信心，想着自己一定会一鸣惊人。第一局顺风顺水，所有人都很高兴，只有教练提醒孩子，一定要稳住，毕竟这次比赛的选手中不乏高手。然而，孩子并没有完全听进去，结果在第二局就出现了失利。当时孩子下场之后，整个人非常沮丧，家长急着来安慰，孩子根本听不进去，后面还有好几场，家长一着急就训斥了孩子几句，孩子立刻难过地哭了起来。教练急忙把孩子和家长分开，努力地安抚着孩子的情绪，虽然孩子停止了哭泣，可是状态并没能恢复多少。

这次比赛的结果可想而知，孩子并没有取得预想的成绩。家长和孩子都受到了打击，虽然教练一直在说胜败乃兵家常事，然而家长还是有些担心孩子以后的发展。

之后孩子继续参加训练，却不愿意再参加比赛了。为了让孩子恢复信心，也给自己“长长脸”，家长想安排一场“友谊赛”，请一位棋技远高于孩子的棋手与孩子下棋，并且想让这位棋手故意输给孩子，以便让孩子相信自己是有能力的。然而这位棋手拒绝了家长的请求，而且家长与这位棋手的谈话被孩子听到了，孩子受到了刺激，再也不愿意去上课了，中断了本来非常有前途的棋坛生涯。

这个事例中，孩子本身的天分和努力是有目共睹的，如果他坚持训练下去，成绩也一定不错。但是，一次失败就让他失去了信心，更重要的是，孩子失利之后，家长不是帮着孩子分析总结，而是从“面子”“荣誉”的角度去考虑，完全扭曲了让孩子训练的意义。

山外有山，人外有人，任何一个人都不可能永远是第一，处于成长阶段的孩子，必须要面对竞争，学着承受失败。只有尝过了失败的苦涩才能知道成功的甜蜜，也只有在失败中发现自己的不足，才能及时弥补，让自己变得更强大。

现在的家长对孩子过度地溺爱和娇纵，导致孩子承受挫折的能力非常差，稍遇不顺就会意志消沉，在挫败的痛苦中不能自拔。因此，才会有教育界人士提出“挫折教育”，认为让孩子尝尝失败的滋味是促进他们成长的灵丹妙药。

那么，让孩子品尝了失败的滋味，要如何让他们在这些感受中真正地

成长起来呢？失败是具有两面性的，它既可以带来痛苦，也可以促进成长，增强孩子承受失败的能力是有科学方法的。

1. 根据个人的实际能力，调整既定目标。

每个人都有自我实现的需求，假如目标定得过高，很有可能是无法实现的，这是自负；但是目标定得过低，就是不自信的表现。要想制定合理的既定目标，一定要基于个人的实际能力，否则过高的期望往往是失败的前提。

可以把长期目标分解成几大阶段，每个阶段确定一个相对容易实现的目标，以便能进一步增强信心。而且这样的分解更容易检验出个人成长的速度，可以更有效地调整学习的进度和安排。

2. 认清自己，准确评价自己的实力。

成长阶段的孩子心智都还不够成熟，他们缺少迎接失败的心理素质，很容易陷入困境，失去自信。

每个人都有自己的优势、也有自己的劣势，认清自己的强项和短板，在应对事情时就能做出较为准确的判断。

3. 增强心理承受力，化挫折为动力。

失败是把双刃剑，它会打击人的自信心，但也可以推动人的成长。每个人都难免会遇到失败，只要正确地认识它，接受它，做好心理防御建设，当失败真的出现时，它给人带来的打击就不会那么难以接受。同时，这种心理防御可以激发一个人克服困难的毅力，能够提高孩子的心理健康水平，增强孩子的意志力。

通过失败的磨炼，孩子会变得更加坚强，只有坚强的孩子才可以在人生的道路上走得更加坚定，路才会走得更远、更广。

给大忙人父母敲敲警钟：

孩子成长的路上有顺境也有逆境，有成功也必然会有失败，那么，就让孩子尝一尝失败的滋味，体验一下失败的感受，让他学会如何应对失败，如何在失败中成长。

给大忙人父母的亲子备忘录：

1. 过度的保护不是爱，是害。

2. 失败不可怕，无法承受失败才可怕。

3. 失去信心的人才是真正的失败。

4. 不怕慢，就怕站。只要坚持向前，目标终将达成。

5. 失败和成功都只是对结果的评价，最重要的是我们从中得到的经验。

第五节　让孩子学会控制自己的情绪

悲观的人虽生犹死，乐观的人永生不老。

——拜伦

春晚的一个小品带火了一句话：“冲动是魔鬼”。冲动，就是一个人的情绪极度地不稳定。有时，冲动也会影响到他人，甚至会给别人造成伤害。

有个非常任性的男孩，常常闹脾气，大家都不愿意和他一起玩。

这天，爸爸送给他一袋钉子，让他在发脾气的时候就钉一颗在墙上，男孩没有多想就答应了。

第一天，他钉下了 37 颗钉子，这说明他在一天之内总共发了 37 次脾气。看着那一长排钉子，男孩自己也有些吃惊。第二天，他下意识地控制自己的情绪，这天他总共钉下了 22 颗钉子。他发现其实自己是可以控制自己的情绪的，很多事情也可以在不发脾气的情况下解决。第三天，他钉下的钉子又少了一些，男孩感觉自己控制情绪的感觉要比钉钉子的感觉好。一个月之后，男孩已经能够很好地控制自己的情绪，不再乱发脾气了。

这时候，爸爸告诉他：“从现在开始你要拔钉子，每一次忍住不发脾气了你就拔掉一颗。”男孩看着墙上由多渐少的钉子，认真地点了点头。

从此，他更加努力地控制自己的情绪，过了一段日子，墙上的钉子全部被拔掉了。

爸爸和男孩望着墙面说："儿子，你能做到这样非常棒，可是你看看墙上，留下了许多的伤痕，这就像是你发脾气时给别人造成的伤害一样，它会很长时间留在别人的心里，即使你道歉了，依然无法抹去。

俗话说"泥人也有三分土性"，没有人可以做到完全不受情绪的影响，尤其是对于心性尚未成熟的孩子而言，他们更容易受到情绪的影响。

容易造成不利后果的情绪一般分三种：出离愤怒、极度喜悦、过度悲伤。

第一种：出离愤怒。

引起愤怒的原因因人、因事而异，但不管愤怒的原因是什么，在愤怒情绪控制之下的人非常容易失去理智，常常做事不加思考，事后追悔莫及。

第二种：极度喜悦。

极度喜悦常常是在取得了优异的成绩，得到众人认可的情况下产生的，这种情绪直接导致的是自负，对个人能力的估计远高于实际，会令人更期待获得赞扬，自大骄傲。

第三种：过度悲伤。

有句话叫"哀莫大于心死"，悲伤过度的时候，人很容易走极端，这是极具危险性的一种情绪。

控制自己的情绪说起来容易做起来难，孩子的承受力和控制力都有限，需要通过科学的方法来帮助他们控制自己的情绪。

第一种方法是转移注意力，用其他事情代替目前的事情，以削弱不良情绪带来的不适感。比如最简单的直接倾诉法，孩子可以和自己的爸爸妈

妈说说心里话，把不良情绪倾诉出来，也可以找自己喜欢的音乐来听，音乐可以让人平静，能够稳定情绪。家长要注意孩子的情绪变化，可以引导孩子倾诉，或者主动替孩子播放舒缓的音乐等。

第二种是弱化分散，如不想、不听、不看。人们常有这种感觉：越是生气的时候，越会不由自主地去想那些让人生气的事，结果是越想越气。悲伤的人也是，沉浸在悲痛之中难以自拔。这些情绪就需要刻意地弱化，尽量地分散，克制自己去想、去听、去看，尤其是不要把现在的情绪与其他不好的事情联系起来，进一步加重不良情绪。家长在这个时候要做好保护，不要在孩子敏感的时期增加对他的刺激，比如家中宠物去世，孩子过度悲伤，家长可以把宠物用过的东西收起来，减少对孩子的刺激。

还有一种是由外来因素造成的情绪刺激，我们不可能去改变别人，只能调整自己的情绪。也就是说，事情错误的一方是别人，而自己却受到了波及。比如，孩子在学校常会遇到这样的事情：明明是别人做错了，结果自己也受到了批评，这时孩子一定会非常恼火。家长要帮着孩子分析，让他明白，这种生气是没有必要的，既然自己没有做错事，那为什么要为这件事生气呢？自己明白事情的真相，就不要用别人的错误来惩罚自己。事情结束，情绪就要结束，继续生气就是无谓的损失。

培养孩子控制情绪的能力非常重要，孩子越小这种训练的效果就会越好，如果孩子已经形成了固定的认知再让他学着控制情绪，控制起来就会更难。

学会控制自己的情绪是孩子必须具备的一种能力，它可以帮助孩子克服很多困难，解开很多难题，跨越很多障碍，让孩子一生受益！

给大忙人父母敲敲警钟：

孩子情绪波动大并非是良好个性的表现，不良情绪不仅不利于个人的成长，还可能伤害他人。家长要教给孩子控制情绪的方法，在遇到孩子情绪波动时多关注孩子的反应，帮助他们走出不良情绪的阴影，这才是父母应该采取的正确教育方式。

给大忙人父母的亲子备忘录：

1. 有个性不等于不理性。
2. 不要纵容孩子的坏脾气，坏脾气常跟着做坏事。
3. 在孩子飘飘然的时候，巧妙地泼点冷水。
4. 陷入悲伤的孩子不只需要安慰，还需要学会接受现实。

第六节　勇敢面对生命中的逆境

奇迹多是在厄运中出现的。

——培根

有一本专门描写荒岛生存的名著，主人翁叫鲁滨逊。鲁滨逊因海难漂流到了荒岛之上，那里空无一人，四周都是茫茫大海，很多年都没有船只经过，没有人能救他。可他没有被这样的逆境所吓倒，而是利用聪明智慧和辛勤劳动，在岛上生存了下来，不仅保证了自己的生活，还开辟了农场和牧场。因为他顽强地坚持，终于等到了救援，回到了自己的故乡。

大自然的逆境是险恶的，人类的力量在它面前非常渺小。但是，人的意志力和聪明才智又是非常伟大的，它可以创造很多奇迹。同样，人生也充满种种逆境，唯有勇敢面对才能更好地成长。

巴尔扎克说过，“苦难是人生的导师。”人生中的逆境是成长的宝贵财富，关键是看我们如何把困难转化为力量。

能在逆境中创造奇迹的人数不胜数。

霍金是剑桥大学应用数学及理论物理学系教授，当代最重要的广义相对论和宇宙论家，然而因为患有卢伽雷氏症（肌萎缩性侧索硬化症），几十年来他只能坐在轮椅上，但病情并没有禁锢住他的思想，他克服了手不能写，口齿不清的困难，用自己的智慧和超人的毅力证明了逆境并不可怕。就像有人评价他，他是一位科学的巨人，也是一位坐着轮椅挑战命运的勇士。

孔子三岁亡父，家境贫寒，还被族人排挤。但是他发愤读书，把穿竹简的皮绳都磨断了，最后孔子著书立说，弟子三千，成为儒家大师，人们尊称他为“万世师表”。

《史记·太史公自序》中记载：“昔西伯拘羑里，演《周易》；孔子厄陈、蔡，作《春秋》；屈原放逐，著《离骚》；左丘失明，厥有《国语》；孙子膑脚，而论兵法；不韦迁蜀，世传《吕览》；韩非囚秦，《说难》《孤愤》；《诗》三百篇，大抵贤圣发愤之所为作也。此人皆意有所郁结，不得通其道也。”

古人同样用自身的事迹向后人证明，逆境并不可怕，也并非不可战胜，只要勇敢面对，一样可以有所作为。没有人愿意身处逆境，但是逆境无处不在，遇到逆境，首先要正确地认识，不要惊慌失措。所谓逆境，实际上是人们对自然环境、社会关系等因素对事物发展产生的阻碍来定义的，是客观存在的，既然是客观存在的，逃避是不可能的，那就要勇敢面对。

其次，逆境需要我们辩证地去看待，不要夸大。像霍金身染重病，像鲁滨逊流落荒岛，像孔子早年丧父又家境贫寒，这些都是逆境，带给他们的是身心折磨，这对他们的发展都造成了不利的影响。如果孩子只是一次考试发挥失常，自己一点情绪上的小波折，就不能简单地定性为逆境。

再次是要懂得分析，找到逆境产生的原因。所有事情的发生，总是有其特定的原因。即使是面对逆境，也要冷静地分析，再复杂的情况也可以抽丝剥茧，找出根本原因。逆境可能是外界环境造成的，也可能是自身原因造成的，抓住关键点，才能找出相应的措施去应对。

逆境并不是一成不变的，它会随着事态的发展而变化，甚至可以转为顺境。我们要看清逆境的本质，了解可能的变化，找准逆转的时机，积极

主动地创造改变的条件，用自己的力量来改写不利因素，顺势利导，一举改变逆境。

要想做到这些，就要有乐观的态度，自信的力量，足够的耐心和坚持的毅力。

在孩子的成长中，大大小小的考验一路相伴，遭遇逆境的时候，只有勇敢地面对它，把磨炼转化成前进的力量，就一定能战胜它！

给大忙人父母敲敲警钟：

逆水行舟，不进则退。真正的勇士是不畏困难的，只要拥有强大的内心，采取正确的方法，逆境只是一个熔炉，当孩子走出逆境时，就像是炼出的金子，会闪闪发光。

给大忙人父母的亲子备忘录：

1. 困难像弹簧，你强它就弱，你弱它就强。
2. 一切敌人都是纸老虎。
3. 逆运是性格的试金石。
4. 宁愿让孩子在逆境中成长，也不要让他在顺境中平庸。

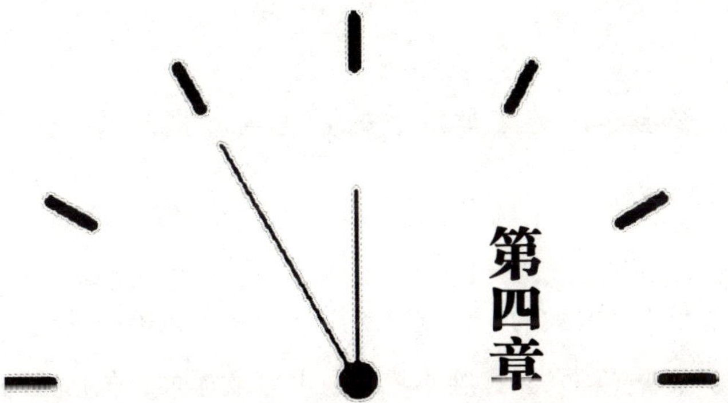

第四章

培养孩子的安全感：让孩子摆脱孤独、害怕与焦虑

第一节 童年时期的安全感

孩子的安全感，是父母给予的。儿童时期对安全感的感受将影响孩子的一生。

安全感，是人类最大的、最重要的需求。其实人类的其他需求，比如成就感需求、荣誉感需求、好胜心需求、占有欲需求、包括爱与被爱的需求、被关注的需求、同情心、分享精神、自我约束力等，归根到底都是为了保障人的安全感需求，有了安全感，人类才有保障生存的机会，才有体验快乐幸福的可能。大人如此，孩子更是如此。父母努力工作，为的是让孩子将来过上安全的、幸福的、有保障的生活，可是大忙人父母是否想过，孩子这么小，他还不能理解父母忙碌的目的和意义，但他现在对安全感的需求却是每分每秒都存在的。

大忙人父母们，或因为生计奔忙，或忙于自己的事业，很多都将孩子交给爷爷奶奶、外公外婆或是保姆来照顾，只有等到周末或节假日才能陪孩子几天，这已经成为较为普遍的社会现象。一年 12 个月，除去工作日，你能陪孩子几天？或许忙碌的父母们从来没有意识到这个可怕的数字，也没有意识到孩子的不安，那么，现在就开始观察吧，从下面这些例子中，家长有没有看到自己家孩子的影子呢？

事例一："害怕"或"害羞"的情绪。

幼儿园里的新同学豆豆，平时非常开朗、活泼，和小朋友们相处得非常好，是个适应性很强的孩子。可是，当和老师交流时，他却完全判若两人。老师和他说话时，他就像做错了事似的，马上将头低下来，也不敢看老师，小手不断地变换摆放位置，神情非常紧张。

老师提问时，明明他刚才和同学们一起已经大声地把答案说出来了，可是只要老师请他单独回答，他马上小脸涨得通红，说话也结结巴巴，声音小得连自己都听不清楚。

事例二：妈妈在与不在"大变样"。

美美对妈妈的依赖非常严重。妈妈上班后，美美和保姆阿姨在一起非常乖，可是一旦妈妈下班回来了，美美就黏着妈妈不放了。送美美去幼儿园时，如果是保姆阿姨送她，她就可以乖乖地去上学，但如果是妈妈送，美美就哭得一塌糊涂，非不让妈妈走。妈妈不在的场合，美美可以非常懂事、乖巧，妈妈在身边时，美美反而任性，不讲理，甚至大声哭闹。

事例三：外表强悍，内心脆弱。

小孩子之间由于玩耍经常会发生冲突。可是浩浩每次和小伙伴闹矛盾，都要用"拳头"来"解决问题"，如果老师批评他，他有时还会直接"攻击"老师。

看了这几个孩子的表现，家长们有没有似曾相识的感觉呢？平时开朗活泼的豆豆为什么胆小自卑？美美为什么在妈妈在与不在时判若两人？浩浩又为何如此固执和偏激？究其原因，是孩子所获得的"父母的爱"不够而导致的安全感缺乏。

在大忙人的家庭里，虽然孩子在物质上并不缺少什么，但是，来自爸爸妈妈的关爱和陪伴，却往往得不到保证，这是导致孩子缺乏安全感的首要原因，另外，以下几个因素也同样会导致孩子安全感的缺乏。

原因一：父母太忙，缺乏跟孩子的交流。

孩子最大的愿望，是能够天天和自己的爸爸妈妈在一起，但是，大忙人父母们总是有忙不完的工作，所以，孩子的这个小小心愿也没有办法实现。

原因二：父母情绪的影响。

对于3岁之前的孩子，如果父母因“个性因素”或婚姻关系导致冲突，造成双方情绪不稳定，也会直接导致孩子的安全感缺乏。几乎所有的孩子在面对父母的不良情绪和家庭矛盾时，都有强烈的无助感和恐惧感。因此，父母应尽力避免在孩子面前发生冲突，以便给孩子创造一个安全平和的家庭环境。

原因三：家庭的经济状况。

心理学研究表明，孩子的安全感还与他所感受到的家庭经济状况有隐形的联系。也就是说，安全感与家庭经济状况方面的“暗示”有关。在一些家庭，尽管实际的经济状况较差，但在孩子面前，父母很少显示或从不显示对经济的焦虑、压力或担忧，这样孩子便会有良好的安全感。反之，有些经济状况良好的家庭，如果父母总是习惯在孩子面前夸张地显示对于经济状况的焦虑，则会给孩子强烈的“不安全”暗示，以致造成孩子成年以后安全感的缺失。

原因四：早期的成长经历。

孩子在生命的第一年，是否得到了妈妈稳定而有规律的照顾，决定了他对这个世界的基本信任，这种基于对母体的信任所发展出来的安全感，

直接影响人的一生。所以，妈妈应尽可能有规律地悉心照料孩子。很多大忙人父母们将孩子交给别人照顾，和孩子过早地分离，这是一种极其草率的做法。

事实证明，内心缺少安全感几乎是一切心理问题形成的根源。没有安全感的人才会不断地强迫自己，才会有偏执的言行，才会焦虑和抑郁，才会不断地否定自己……所以，父母要从小培养孩子的安全感。

1. 不要威胁孩子，不要从身体和感情上抛弃孩子。

父母过早地让孩子独自睡觉、过早地让孩子自己玩、不辞而别、把孩子寄养、双方离婚又不和孩子说明白，等等，这些行为都会让孩子产生自己被抛弃的想法。

3 岁左右的幼儿，对别人情绪的理解很有限，他们往往通过别人的面部表情、外部行为去认知别人的情绪，他们会把爸爸妈妈暂时的离开，当成是永久的离开。很多家长惯用的哄孩子招数，如经常说“你不听话我就不喜欢你了！”或者“你不听话我就不要你了！”这样的话，对孩子的心理会有很大的伤害，会大大破坏孩子的安全感。

2. 鼓励孩子独立，接纳孩子的个性。

孩子的个性本身并不会给孩子带来痛苦，带来痛苦的是父母对不同性格赋予的观念。有些父母把自己对个性的评价强加在孩子身上，在孩子身上寻找那些自己不接受的东西，担心孩子会有自己不喜欢的某些个性特征。父母的这种行为只能造成孩子对自己的不接纳、不喜欢，从而缺乏安全感，感觉别人也不喜欢自己。其实，一个孩子的心理、性格发展是否健康，并不在于他的个性是什么样，而在于他对自己个性的接纳程度。

3. 给予孩子高品质的陪伴。

对于孩子，爱就等于陪伴。许多忙碌的父母出于对孩子的愧疚，往往拿金钱作为自己不能陪伴孩子的补偿，其实，为孩子购买一件新衣服，一个新玩具都是次要的，关键是要多与孩子游戏、交流，满足孩子的情感需求，增进亲子之间的感情，同时，孩子是非常敏感的，当你陪伴他时，不光人要在，心也要在。

4. 用手来传递感情。

每个孩子，都希望被最亲的人摸一摸、抱一抱。父母的手除了给孩子做饭穿衣外，别忘了，手还是传递感情的最好工具，爸爸妈妈如果能经常抱一抱孩子，摸一摸孩子的头，就会给孩子带来莫大的安全感。

5. 重视睡前的陪伴。

孩子入睡前，爸爸妈妈为他哼一首温柔的歌曲，轻轻地道声“晚安”，这些细微的爱与关怀，会让孩子充分地感受到爸爸妈妈对他的爱，他会带着安全感入睡。这种时刻，不是金钱可以买到的，这种情感也不是保姆或其他任何人可以代替的。

6. 修炼自己，以身作则。

事实上，父母的安全感好，孩子的安全感才充足。父母相信自己、热爱生活、关爱他人、信任世界，孩子才能获得坚实的安全感。

一个没有充分体会过安全感的孩子，是一个难以快乐的孩子，也是一个难以热爱生活的孩子。

教育孩子是一项重大而又细腻的事业，什么时候明白了都不晚，什么时候醒悟了都不迟，所以，大忙人父母们，赶紧行动吧！

给大忙人父母敲敲警钟：

安全感是儿童生存的基本需求。有安全感的孩子情绪稳定，性格坚定平和，遇事不会惊慌失措，能较好地融入集体，能现实、理智地处理在生活中遇到的难题；而缺乏安全感的孩子，则表现为情绪波动大、胆小怕事、自闭、性格孤僻、承受挫折的能力弱等。

给大忙人父母的亲子备忘录：

1. 父母别把应酬带进家庭，别在孩子面前争吵，给孩子营造一个和谐温馨的家庭氛围。

2. 尽量给孩子长时间、高质量的陪伴，重视孩子入睡之前的陪伴。

3. 通过多沟通来了解孩子的真实需要，量力而行地满足孩子。

4. 不要拿孩子和别人比较，给孩子更多自由发展的空间，不必过于苛刻，多给孩子鼓励，让孩子感受到无条件的接纳和关注。

5. 不威胁孩子，不说“你不听话我就不要你了！”之类的话。

第二节　教育中的安全感

安全感才是孩子对父母最大的需求。

有人问过一位家长："你天天这么辛苦地工作为的是什么？"那位家长毫不犹豫地回答："为了让我的孩子过上好日子啊！"这位家长口中的好日子是什么呢？其实，这样的"好日子"就是"安全感"。

家长所说的"好日子"，对于孩子来说可能是他无从想象的一个未来，但是安全感的需求却无处不在。孩子在成长的过程中，最重要的生活内容就是受教育。安全感越强，孩子学习的积极性越高，效率越高，成绩越好；反之，孩子学习极为被动，效率低下，成绩惨淡。

事例一：

运博在暑假里报了游泳班，信心十足地去了，到了泳池却不敢下水，于是，运博的爸爸决定自己来教他。

就在父子俩往泳池边上走的时候，他们看到了这样一幕：一个妈妈把她的孩子扔进水里，孩子在水里一通挣扎，好不容易抓住池边站了起来，呛得满脸通红，大哭起来。可是那位妈妈根本不理会孩子的感受，再一次将孩子推进水里，孩子又是一通挣扎，哭着对妈妈喊："妈妈，求求你，求求你不要再把我丢下去了！我好怕！"

这时，运博轻轻地拉着爸爸的手说：“爸爸，你可不要这样把我扔进水里啊!”这话说得爸爸心里一酸，爸爸肯定地对运博说：“爸爸保证，不会的，咱们慢慢来!”

事例二：

有位家长为了让孩子独立，和孩子一起坐上公交车，却趁孩子不注意，悄悄在中途下车，为的是“考验”孩子能不能自己回家。孩子在车上发现爸爸不见了，特别惊慌，幸好公交车的路线他是熟悉的，到站下车，换车都能做到准确无误。等孩子经过一番周折回到家中，爸爸兴奋地夸奖儿子，没想到孩子黑着脸直接跑回自己的房间，反锁房门，不管爸爸怎么叫他也不肯开门。孩子在这个过程中所承受的惊慌和恐惧是这位爸爸根本没有考虑过的，孩子不愿意再看到爸爸，也根本无法原谅爸爸。

教育就像是自然界中果实的成熟，是个缓慢的过程，孩子也是一点一点学会各种技能，掌握各种知识，最后成长为独立个体的。上面两个事例都在说明一个问题：家长希望孩子成长，但是没有遵循正确的教育理论，没有采用科学的教育方法，让孩子仓促上阵，惊慌不堪，不管孩子最后是否能学会游泳或是否能安全到家，孩子对家长的信任已经完全被破坏了，留在他们心中的恐惧和不安也会滞留很长一段时间!

这种安全感的缺失会严重影响到孩子的成长，而这与物质条件没有必然的联系，完全是精神层面的需求。

在教育的过程中，安全感无处不在，教育方法一旦不当，就会造成孩子的安全感缺失，随后会产生一连串的问题。特别是大忙人父母们，一定要了解如何确保孩子的安全感，在教育的过程中尤其要注意，千万不要为了追求所谓的“成功”“成才”“成名”而忽视了孩子的感受。

给大忙人父母敲敲警钟：

安全感是孩子自信的保障，是学习动力的来源，是保持好奇心的前提，只有在拥有安全感的基础上，孩子才能健康成长。作为家长，不管多忙，不要忽视孩子，不要把孩子当成学习的机器，必要的陪伴和足够的沟通是保障孩子安全感的必要手段。

给大忙人父母的亲子备忘录：

1. 教育孩子不是驯养宠物，不仅要满足他们的物质需求，更要注意与他们精神、心灵的沟通。

2. 父母是孩子的靠山，是孩子最大的安全感来源，不要毁掉孩子心中的这个认知。

3. 书本中没有望子成龙的秘诀，忽视了安全感的建立，一切教育都是空谈。

第三节　不要对孩子说谎

对孩子说谎就等于欺骗。

所有的父母都会教育自己的孩子要诚实，不许撒谎，然而，父母却会在有意无意之中对孩子撒谎，几乎每一个孩子都听到过父母的谎言，比如最典型的“我是从哪里来的?”答案可以说是五花八门，但这些不过是搪塞小孩子的谎话罢了。

似乎父母们总认为对孩子说谎无伤大雅，也没有什么可愧疚的。那么，一般家长会对孩子说的谎话都有哪些呢?

1. 没有道理的谎言。

有些谎言是大人为了避免孩子出危险，又想不出更好的解释时，就用没有道理的说法来哄骗小孩，以便达到目的的。比如“从别人胯下钻过去会长不高。”“街边的东西都是老鼠屎做的，吃了会生病。”“大年初一早上不起床一年都会睡懒觉。”等。

2. 纯粹吓人的谎言。

孩子多是古灵精怪的，调皮起来让家长十分抓狂。为了制止“淘气鬼”的捣蛋，大人就会编出根本不可能发生的事情来吓唬孩子，比如“你再弄坏玩具，警察就会把你关起来。”“你再哭就把大灰狼召来了。”等。

3. 随便应付孩子的谎言。

孩子的好奇心强，凡事都爱问个为什么。但是有时候会问到一些让家长尴尬的问题，就像“我从哪里来?”这个千年难题，家长为了随便应付过去，就会出现“你是垃圾箱里捡来的。”“你是充话费赠送的。”等各种答案。

4. 以惩罚为目的的谎言。

孩子不听话时，家长常常会不自觉地用一些并不真实的谎言来“处罚”孩子。比如孩子不好好吃饭，家长会说“再不好好吃饭，以后就再也不要吃了!”这些谎言不过是说说而已，根本不可能实施。可能很多家长会认为，这些谎言也没什么，而且这样说，一来可以解决孩子的纠缠，二来能够约束孩子的行为，也没有什么坏处。

可是，谎言毕竟是谎言，总有一天会被揭穿，当孩子发现了事情的真相，他可能会出现认知混乱，破坏先前形成的价值观，最重要的是，父母在孩子心中的形象和权威会动摇，这才是最严重的后果。

常听家长说谎的孩子容易出现以下几种不良情况：

第一，说谎。

这是最直接的反应。凡是常说谎的父母培养出来的孩子，大多数都会说谎，而且他们并不会因为自己说了谎而感觉到羞耻，反而认为说谎是很平常的事情。因为孩子的辨知能力不强，他们只是纯粹地模仿家长的行为。比如孩子听到爸爸和朋友打电话的时候说自己在加班，而实际上爸爸就在家里休息，这明显就是谎言。

第二，认知混乱。

还以“我从哪里来?”这个问题为例，家长们的回答十分花哨，可是当孩子们听说大家的“来历”各不相同的时候，就可能产生疑问，“我们到底是从哪里来的?”其实，随着现在获取信息的渠道越来越广，孩子们

接触科学的途径也越来越多，有些问题家长可以交给科普教育，不必再对孩子撒谎了。

第三，破坏之前形成的价值观。

家长教育孩子的时候会严格要求他们：“不许撒谎，撒谎是错误的行为。”然而，家长在孩子面前却可能无意识地撒谎，这种言行不一的行为就会让孩子对家长产生怀疑：到底撒谎是不是错误的呢？为什么爸爸妈妈撒谎却不允许我撒谎呢？匹诺曹撒谎鼻子就会长长，可是爸爸妈妈撒谎了鼻子也没有变化，那我是不是也可以撒谎了？

第四，会破坏家长在孩子心中的形象。

孩子是非常敏感的，他们希望自己的爸爸妈妈是非常完美的，可是，当孩子发现家长撒谎的时候，这个完美的形象就被破坏了，而父母的权威也将被动摇，孩子对家长的信任也将出现危机。

对于家长来说，教育孩子最重要的是让孩子身心健康、人格健全。教育孩子做一个诚实的人，真诚待人，严守信约，这些都是必须要坚持的原则。只有以诚待人的人，才能赢得大家的尊重和信任，才能结交到真心的朋友。

给大忙人父母敲敲警钟：

家长与孩子处于同一环境，家长的一言一行都会影响孩子，家长对待孩子的方式是孩子最直接的范本。一个不经意的谎言，可能就会破坏家长在孩子心目中的形象，也会把孩子带上说谎的道路。所以，不要随意对孩子说谎，以诚相待从你和孩子之间开始。

给大忙人父母的亲子备忘录：

1. 坚持正面教育为主，多鼓励孩子诚实的行为，使其懂得诚实的价值。

2. 教育是个严肃的问题，不要随意用谎言来应付孩子。

3. 父母不说谎，孩子就不会养成说谎的习惯。

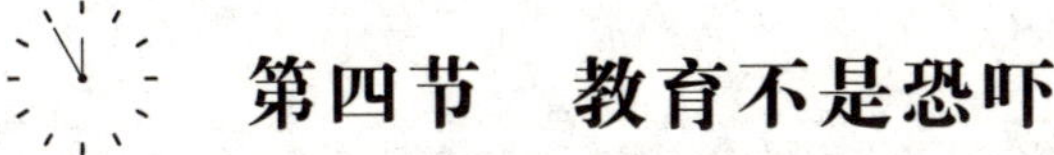

第四节　教育不是恐吓

不要让爸妈变成“恐龙”，恐吓不是教育的杀手锏。

大忙人父母们在外打拼，每天要面对各种各样的压力，好不容易下班回家，却发现孩子因为捣蛋出了各种状况。这时候，大忙人父母们很难保持心平气和，往往是怒火冲天，对孩子一阵训斥。这样的情况并不少见，但是这种粗暴的方式只是治标不治本，而且父母情绪激动之下给孩子造成的恐惧心理，很有可能会影响孩子很长的一段时间，这对孩子的成长是很不利的。

事例一：

叶子的妈妈性子急，缺乏耐心，“吓唬”孩子是她常用并且认为有效的教育手段。比如叶子非常缠人的时候妈妈就吓唬她：“你再缠着妈妈，妈妈就叫李阿姨来给你打针。”李阿姨是位护士，叶子一听马上就不再缠着妈妈了。可是当她再见到李阿姨时就会吓得哇哇大叫，提到打针更是哭闹不止。

事例二：

伊然是名外科医生，胆子很大，但是她有一个禁忌，就是她会因为突然冒出的一个人或者突然出现的声响吓得尖叫，这是由于她小时候家里的保姆经常逗她，常常从她身后跳出来大叫一声，以至于她现在还是受不了这种惊吓。

伊然至今记得小时候妈妈经常说："你再闹妈妈就把你扔到大街上，让要饭的把你抱走！""你再哭妈妈就不要你了，让大灰狼来把你叼走吧！"当时她非常害怕，生怕这种事真的会发生，所以变得非常顺从。长大之后她知道了那些都是假话，可是这种阴影还是挥之不去。

一位早期教育专家这样说："不要让孩子的心灵装进恐惧、忧虑、悲伤、憎恨、愤怒和不满，这些情绪和情感同样会影响孩子的身体健康。"医学研究也证明，恐惧会强烈刺激人的神经中枢系统，极大地伤害人体健康，尤其是尚未发育成熟的儿童，各方面都很脆弱，受到惊吓之后，即使表面上看起来没有什么明显的症状，实际上这种恐惧会滞留下来，引起他们生理上的不良反应，导致发育缓慢，语言障碍等问题。人们常说的"孩子吓病了"并不是夸大其辞，而是确有其事。

在现实生活中，容易给孩子造成恐惧的情况有以下几种：

1. 意外事故造成的恐惧。

比如车祸、摔倒、鞭炮突然炸响等，孩子感受到了伤痛，或者是看到有人受伤，受到刺激，从而产生恐惧心理。

2. 恐惧的影像、故事带来的冲击。

例如恐怖电影，鬼怪故事，从视觉、听觉上刺激到了孩子，引发他更多的联想，会让孩子在很长一段时间都会受其影响。

3. 家长为了约束孩子而恐吓孩子。

比如父母高声训斥孩子，把孩了关进小黑屋体罚之类。这种情况，孩子会有失去父母疼爱的惊恐，并且这种阴影是最难消除的。儿童期的心理阴影会延续到青春期，影响孩子性格的养成，还会影响孩子成年以后的社交。

对于已经受到惊吓的孩子，恐惧的心理很难一下子缓解。家长要细心地观察，到底是什么引起了孩子的恐惧，找到根源才能消除他们的心理阴影。

教育孩子如同引水入海的工程，父母就像是水利工程师，要因地制宜、因势利导，而不能一味地去封堵。如果家长采取的是封闭禁锢的教育方式，简单粗暴的恐吓甚至打骂，无异于给水流实施了高压政策，即使水流在短时间内被控制住了，可总有一天水流会击溃阻挡，让人无法应对。所以，教育孩子要做到“润物细无声”，父母要顺其自然地将孩子引导到正确的道路上，而不是把孩子“吓”大！

给大忙人父母敲敲警钟：

孩子是家长生命的延续而不是家长的发泄桶，不能随随便便地对待。一句吓唬孩子的话会让孩子处于极度的不安之中，这种心理阴影可能伴随孩子的一生！

给大忙人父母的亲子备忘录：

1. 不要恐吓孩子，这种心理阴影想要治愈要付出十倍甚至更多的心力。

2. 无法兑现的惩罚就跟无法兑现的奖励一样，不仅没有任何效力，甚至可能失去家长在孩子心里的权威。

3. 受到恐吓的孩子会有短暂的乖巧，却会产生更长久的叛逆，最后得不偿失。

第五节　无条件地接受你的孩子

孩子可以无条件地接受父母，父母为什么不能无条件地接受孩子呢？

家庭是孩子接受教育的第一环境，父母是孩子的第一任老师，家庭教育将伴随着孩子的一生。大忙人父母们非常清楚社会的残酷性，他们自己就亲身体验着各种竞争，他们希望自己的孩子能带着更强的力量，更多的优势进入社会。这样的家庭教育理念屡见不鲜，而由此衍生出的往往是家长完全依照自己的意愿来教育孩子，一旦孩子出现了不符合家长要求的情况，家长就会不断批评。孩子的缺点会成为家长关注的重点，优点却总是被忽略，甚至有些“恨铁不成钢”的家长会口不择言“像你这种人长大了只能去讨饭！”“你看你，笨得像猪一样！”

这种家长想把孩子培养成一个完美的人，方方面面都要求孩子达到优秀，他们严厉地管教孩子，认为温和便是纵容，会让孩子变得任性和懒惰，对孩子的缺点完全不能容忍。

“金无足赤，人无完人。”不管家长采取什么方法，孩子付出多少努力，都不可能培养出一个完美的人。家长的挑剔只会让孩子渐渐失去自信，要么变成个懦夫，要么破罐子破摔，变得顽劣难驯。

从某种意义上来讲，父母对孩子的接纳程度决定了孩子的幸福程度。

有位妈妈被老师叫到学校，因为她的儿子考试又不及格，而且还把学校的桌椅拆坏了。妈妈向学校道歉，赔偿损失后，才带着孩子回家。儿子知道自己犯错了，一路上都不敢和妈妈说话。

等到了家，妈妈不仅没有批评他，还鼓励他当着妈妈的面拆装了家里的椅子。妈妈肯定了他的动手能力，告诉他要是想练习只能用自己家里的东西，学校的物品是公用的，不可以损坏。孩子认真地点了点头。

孩子的学习成绩一直没有很大的提高，后来考上了一个中专技校学了汽修。左邻右舍有不少考上大学的孩子，但是这个妈妈从没有拿他跟别人家的孩子比过，还在孩子放假回家的时候帮他联系朋友，让他帮大家修汽车。整个过程妈妈都一直站在孩子的身边，带着骄傲的笑容。

几年之后儿子毕业，到一家汽修厂工作，妈妈经常和他的师傅沟通，鼓励他多实践，掌握好技术。又过了几年，儿子自己开了一家汽修厂。

多年以后，已经成为大老板的儿子说："我这一路走过来，不管我成绩如何，做什么选择，妈妈都无条件地接纳我，鼓励我，我才有了今天的成绩。"

这个孩子的成功实际上是妈妈教育的成功，是妈妈无条件地接纳孩子才让孩子始终能够带着自信前进，即使遇到挫折也不言败，不退缩。

无条件地接受孩子并不意味着溺爱孩子。要做到这一点，要从以下几个方面做起：

1. 表达爱。

孩子是最敏感的，对别人的态度极为在意，尤其是自己的父母。无条件地爱孩子，就一定要让孩子知道，不管他的成绩是优秀还是普通，做事是失败还是成功，不论在什么样的情况下，父母对他的爱都是不会变的。对于孩子做的不妥的事情，父母可以批评指正，同时对他做得好的事情给

予肯定。不要让孩子猜测父母是不是不爱他了，要明确地告诉孩子：“爸爸妈妈会永远爱你！”

2. 接受孩子，尊重孩子。

每个孩子的先天条件不同，家长完全接纳孩子的同时要尊重孩子的个人意愿。家长要给予孩子信心，让孩子相信自己的能力。不管孩子做出什么样的决定，家长都要给予他自由发挥的空间，这是对孩子最大的支持，这份支持也会鼓励孩子努力和进步。

3. 帮助孩子接纳自我。

家长对孩子无条件的接纳，会让孩子更有安全感，但孩子生活在社会之中，与外界接触时难免会产生信心的动摇。比如太过自我的孩子不能与他人和谐共处，比如听不得别人的批评，再比如听到别人评论自己就会不安。这时家长就要关注孩子的心理和情绪变化，做好良性的疏导，让孩子调整自我认知的角度，帮助他接纳并不完美的自己。家长要让孩子知道，每个人都有优点和缺点，要引导孩子要看清自己的优劣势，要让孩子明白，虽然自己不够完美，但是“我还是很喜欢自己”。

家长无条件地接纳孩子，同时，帮助孩子接纳他人，接纳自己，形成良性的共处状态。孩子真真切切地感觉到父母的爱，才能健康快乐地成长。

给大忙人父母敲敲警钟：

老话说“天下无不是的父母。”家长怎么教育孩子似乎都是对的，反正孩子是晚辈，一切都应该听长辈的。其实，我们应该说“天下无不是的孩子。”孩子的问题绝大部分都是由不正确的教育导致的。大忙人父母们可要记住：无条件地接纳你的孩子，让他顺应天性地成长，那孩子也将给你惊喜。

给大忙人父母的亲子备忘录：

1. 父母对孩子的接纳能够给予孩子一生的幸福感。
2. 孩子不是“完人”，别把不切实际的目标强加到孩子身上。
3. 无条件地接纳孩子并不等于溺爱孩子。
4. 无条件地接纳孩子就是要尊重孩子，并给他自由发挥的空间。

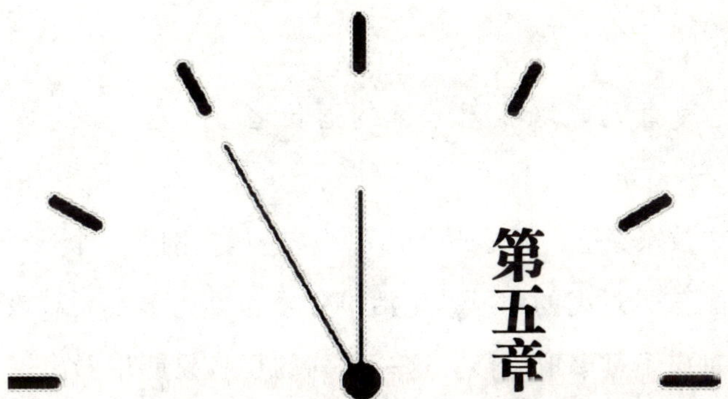

第五章

安全必修课：大忙人父母要教会孩子自我保护

第一节　培养孩子的基本生存能力

过度化教育只能培养出未来的落伍者。

现在大多数家庭里，都是四个老人、爸爸妈妈围着一个孩子转，他们在生活上给予孩子过度的照顾，生活事务全包办；学习上对孩子期望过高；行为上对孩子过多地干涉。这一系列的行为只能培养出一个过度娇气、过度依赖、过度脆弱的孩子。这类孩子遇到困难极易放弃，从不主动想办法解决，最直接的想法就是等大人帮忙；遇到危险会陷入恐惧，不能积极主动地寻求帮助，缺乏基本的求生能力；自理能力差，没有主动思考的意识。这种过度保护的教育只能培养出高分低能的孩子，在人才竞争的未来，他们将会由于综合素质落伍而被淘汰。

独立生存的能力是一个人需要具备的基本生存能力，父母不可能永远庇护孩子，只有让孩子学会独立应对未来的困难和挫折，才是父母给予孩子最好的教育。

现在的很多家长教育观念存在误区，认为只要孩子学习好了，什么都是次要的，认为孩子现在自理能力差是因为年纪小，他们长大后自然就会了。这种过度保护教育其实剥夺了孩子拥有独立人格和能力的权利，家长必须要转变观念，提高认识，让孩子自己去走他的人生。只有父母放手，孩子才能走得更远，飞得更高。

基本的生存能力分为两种，一种是生活自理能力，另一种是心理自立能力。

培养孩子的生活自理能力，首先，要让孩子从小明白“自己的事情自己做。”的道理，让孩子养成良好的生活习惯。在这个过程中，要由易到难，由少到多，逐步培养，家长不要过度关注，更不要过多干涉，要让孩子充分地实践和学习。

其次，要给予孩子充分的信任和指导，让孩子安心大胆地尝试。家长的信任可以解除孩子的后顾之忧，家长的指导能促进孩子的进步。需要注意的是，指导不等于干涉，在孩子尝试之前先讲清楚办法和要求，过程当

中家长不要提出任何的建议，以免打乱孩子的计划。事后可以针对孩子完成的情况进行评价，以便让孩子在下一次的尝试中做得更好。

再次，鼓励孩子参与家庭活动。家长可以把家里的一些事情交给孩子来做，让孩子来筹划、组织、落实，这样孩子才不会一离开父母就什么也做不了，一遇到困难就一筹莫展。家长一定要让孩子了解他在家庭中应该承担的责任，这对培养他的独立生活能力大有好处。

第二项基本生存能力是心理自立能力。这是指父母应该给孩子建立一个良好的人生平台，培养孩子拥有良好的人格修养，懂得为人处事的道理，明白成功的真正含义。

一个孩子的成功并不是指他的学习成绩有多么优秀，拿过多少比赛的奖杯。家庭教育最重要的是培养孩子独立的人格。如果一个孩子不懂得生命的珍贵，一遇到挫折就心灰意冷；没有理想和抱负；没有自我保护能力；无法识破最基本的欺诈手段；不懂得分享快乐……这样的孩子，怎么能获得成功呢?

要培养孩子的心理自立性，就要做到以下几点：

1. 让孩子具备生活自理能力。

这是从简单的层面让孩子体会自立的表现。孩子做到了生活的自理，也就认同了自己的独立性，这是他生存的基础。

2. 要让孩子在学习和实践中开动脑筋，摆脱依赖，提高解决问题的能力。

比如，把孩子爱吃的零食放在高桌子上，孩子够不着，他就要想办法去拿，有的孩子会用长杆把零食挑下来，有的孩子会踩着凳子把零食取下来，只要孩子想要达到目的，他就一定会开动脑筋解决问题。

3. 培养孩子坚强的意志和健康的身体。

让孩子学习基本的自救能力，这是生存的必要条件。有了这种能力，

遇到困难，孩子才不会惊慌失措，才会有勇气独立寻找解决问题的办法。

坚强的意志和健康的身体是相辅相成的。体育锻炼不仅是对身体的锻炼，也是对意志力的培养。大忙人父母们只要有时间，就可以带孩子晨跑、爬山、练习冲浪等。孩子累了要鼓励他坚持下去，直至到达目的地。有了健康的身体和坚强的意志，即使偶遇险情，孩子也可以坚持下去，等到救援。

要让孩子学习专业的自救技术，比如，家中着火了如何控制火情，如何防止自己受伤，如何准确报警；如果外出迷路了要如何寻求帮助等。

孩子具备基本的自救能力不仅可以避免让自己陷于困境，有时候还可以帮助他人。在几年前的新闻报道中曾经有这样一个事例：妈妈在家用煤气热水器洗澡，结果发生了煤气泄漏，孩子发现情况之后先把煤气关掉，开窗通风，然后跑到邻居家求救，拨打报警电话。这一系列的动作不仅理智冷静，而且顺序正确，极为有效。报道中提到一个细节，这个孩子只有7岁，她自己够不到窗户，就拿了一个衣服架子顶开了窗户。可见这个孩子不仅明白自己要做什么，还能够积极地想办法，借助工具实现目标。同时她还有强大的意志力，在看到妈妈晕倒的情况下，没有一丝的慌乱，快速有效的反应为妈妈赢取了宝贵的救援时间。

给大忙人父母敲敲警钟：

独立生存是每个人都应该具备的能力。家长不可能庇护孩子一生，只有让孩子拥有了独立面对未来的能力，才是给孩子最好的礼物。家长一定要做到逐步放手，有效训练，培养一个身心独立的孩子！

给大忙人父母的亲子备忘录：

1. 给孩子一把钥匙，远比你替孩子辛辛苦苦地打开房门有意思得多。

2. 既然无法庇护孩子一生，那就教给他独立生存的能力。

3. 过度保护式教育会让孩子成为“寄生虫”。

第二节　培养孩子的应变能力

随机应变的智能，是解决生活中困难的武器，这要比书本上的知识有价值得多。

——戴尔·卡耐基

父母总是希望可以保护孩子不受到一丝一毫的伤害，但是没有人能做到事事完备。假如意外情况发生时，家长并不在孩子的身边，那么孩子要如何才能做到随机应变，妥善应对呢？

那天晚上韩女士加班回到家已经是晚上快十一点的时候了，由于楼道里的灯坏了，黑乎乎的什么也看不清，上楼的时候她并没有在意。走了两层忽然听到楼下有孩子的哭声，她感觉不太对劲，又返了回去。到了一楼顺着声音她才看到，在一楼楼道里的一堆纸板上坐着一个五六岁的小女孩。大冬天的，孩子冻得小脸苍白、全身发抖，哭得像个泪人。

韩女士看外面实在太冷了，就先把孩子带回了自己家。原来小女孩的父母都是做生意的，今天到外地进货没有回来，孩子出去玩忘了带钥匙，进不了门，就坐在楼道里等，结果睡着了，醒来一看天都这么黑了，又冷、又饿、又怕地哭了起来。

韩女士问清了孩子的住址，按孩子所说的房门号找了过去，发现孩子

的爸妈在门上留了纸条，让孩子先到姥姥家去，只不过这孩子可能没有看到，一直在楼下等。

韩女士通过物业公司联系上了孩子的家长，这才把孩子送到了姥姥家。

家长有事不能回家，让孩子自己去亲戚家，这种事情并不少见。然而像这个小女孩，她一没有注意到家长的留言条，二没有自己想办法确定爸爸妈妈的去向，三没有主动请邻居帮忙打电话联系亲戚。假如不是韩女士加班回来发现了她，那她在楼下等上一夜岂不是要冻坏了。孩子遇事不会变通，不能妥善地处理，这就是应变能力不足的表现。

为什么孩子的应变能力这么差呢？这主要是他们没有受过这方面的培养，缺乏应变意识。

家长可以在日常生活中有意识地加强对孩子应变能力的培养。

首先，要让孩子能够应对身体和心理的变化。比如，最简单的，身体不舒服了要告诉家长，有了心事要向家长或者朋友诉说，而不是闷在心里。

其次，要有计划性，有备无患，能够应对外界环境的变化。比如，注意天气变化，准备雨具、增减衣物；如果外出，要考虑是否会堵车；到游乐场玩，要考虑假期人多，是否需要提前买票，等等。这些都要在计划之中，避免到时难以应对。

再次，要让孩子学会应对突发的各种状况。比如，遇到煤气泄漏，要懂得正确的处理方式；遇到陌生人求助，要让他去找成年人，更不要随便带陌生人回家。还要明白不同情况要有不同的处理方法。比如，父母感冒生病可以帮父母拿药，但是如果是老人突然晕倒就不能轻易挪动，而是要立即联系家长或拨打120求救电话。

那么，如何能让孩子在纷繁复杂的情况中做出正确的判断，采取正确的应对措施呢?

1. 多让孩子参加各种活动，增加实践经验。

比如，参加安全技能训练，可以模拟各种危险情况，让孩子掌握正确的处理方式。学校可以组织“火场逃生”，模拟地震时的自救，家长要鼓励孩子参加。

2. 有时也可以“嘴上谈兵”。

家长在平时和孩子聊天时，可以引导孩子：“如果你在上街和妈妈走散了怎么办?”孩子会根据自己的想法来回答，家长再有针对性地去帮他分析，找到最好的解决方法。通过有意识的“嘴上谈兵”，让孩子开动脑筋去想办法，假如真的遇到了突发情况，孩子也能根据之前家长教的方法去应对。

3. 要照顾孩子的发散思维，让他独立思考，寻求多种解决问题的办法。

在沙滩上，两个孩子都在往瓶子里装沙子，可是孩子们总是把大部分沙子撒到外面。一位妈妈马上过去，示范给孩子怎样才能把沙子装进瓶子里，孩子很快就学会了，而另一位妈妈却让孩子一次又一次地尝试，用手抓，用铲子装，用手掌挡在瓶口灌……直到孩子自己找到最佳的办法。

家长由于具有了一定的社会经验，处理事情有了固定的模式，总认为孩子采取的方法不够好，急于去干涉。其实孩子虽然掌握的技能有限，经验不足，但是他们却可以根据自己的想法做出多种尝试，家长应该鼓励孩子寻找多种解决问题的办法，打开他们的发散性思维。在以后遇到问题时，他们才不会一条胡同走到黑。

灵活应变是项综合能力，孩子不仅要有一定的解决问题的技能，还要足够冷静，处事果断，不错失时机。

给大忙人父母敲敲警钟：

谁也不知道下一秒会发生什么事情，只有有意识地培养孩子随机应变的能力，当孩子遇到紧急情况时才能采取正确的处理方式，把损失降到最低，把伤害降到最小。

给大忙人父母的亲子备忘录：

1. 孩子不能永远做家中的小鸟，他总有展翅高飞的一天。良好的应变能力能让他遇事冷静、坚定、勇敢。

2. 良好的应变能力，有时能够消除危机，有时能够化解尴尬，是人们不可缺少的一项能力。

3. 有时候，纸上谈兵也能培养出孩子“兵来将挡，水来土掩”的能力。

第三节 培养孩子的危机意识

居安思危，思则有备，有备无患，敢以此规。

——《左传·襄公十一年》

现在的家庭生活水平越来越高，富足的物质条件让现在的孩子像是泡在蜜罐里，也让他们形成了懒惰、无责任心、爱攀比等各种不良习惯。

壮壮是三年级的学生，学习成绩非常一般，调皮捣蛋倒是少不了他，这让老师非常头痛。可是老师几次请家长去学校，壮壮爸爸都是“我实在太忙了，老师您多费心！”老师教育壮壮要遵守纪律，好好学习，可是壮壮却这么回答：“反正我爸爸有的是钱，我有什么可担心的?”“学习好有什么用，我爸才初中毕业，给他打工的都是研究生！以后我就等着去我爸爸的公司当老板就行了！”

据了解，壮壮的爸爸是一家房地产公司的老板，壮壮是典型的“富二代”。爸爸总是对壮壮说：“儿子，你放心，爸爸的钱都是你的！你以后要想到国外去上学、去生活，都不是问题！”正是由于壮壮爸爸这些无意识的话，才造成壮壮没有危机意识，不负责任，不求上进的状态。

孩子往往会觉得有爸爸妈妈挣钱，自己根本不需要担心未来会怎么

样。像壮壮爸爸还无意识地向壮壮灌输了“好好学习没有用，最后还是要给老板打工。”的思想，壮壮认为自己只需要“当老板”就行了，而根本没有想过“当老板”又需要哪些知识和技能。

孩子危机意思缺失的表现主要有以下几种：

第一，不负责任。学习不认真，不参与组织活动，不求上进。

第二，不懂得体谅别人，没有忧患意识。安于享受，经常跟父母提出过分的物质上的要求。

第三，为所欲为，不顾后果。不接受家长和老师的管束，毫无法纪观念。

第四，没有同情心和羞耻感。轻视家境条件差的同学，看不起认真学习的同学，会用自己优越的物质条件刺激同学，孤立同学。

第五，幼稚无知，空虚无聊，以捉弄别人为乐。觉得生活没有意思，不断地寻求刺激好玩的事情。

以上几种表现，一定有不少家长都从中看到了自己家孩子的影子。家长们也许开始犯愁，这样的孩子一旦进入社会，要怎么生活呢？就算是家财万贯，也经不起这种“败家子”的挥霍啊！危机意识过度缺乏，使孩子们的未来堪忧。然而，孩子的问题归根到底是家长教育的问题，家长一味

地关注孩子的学习成绩，却从没有在教育中向孩子灌输危机意识。

要想让孩子具有危机意识，要从以下几个方面做起：

1. 不要给孩子提供过度饱和的物质条件。

物质条件是生活的基础，但是对于孩子而言，并不是越贵的东西就越好。有不少经济条件一般的家庭，家长节衣缩食，却让孩子锦衣玉食，结果孩子不仅不知道感恩，要求反而越来越高，导致他们产生奢侈攀比的心态。

2. 打压限制不如肯定鼓励。

一味地批评孩子偏食，光吃肉，不如在他品尝青菜时给予肯定和鼓励。孩子想要零食、玩具，在没有必要的情况下，家长要让孩子通过努力来获取，没有付出就没有回报，让孩子明白“天上不会掉馅饼”的道理。

3. 经常用危机意识来思考问题。

大忙人父母在工作中会遇到很多决策，在决策之前必然要考虑如何把风险降到最低，这就是危机意识的体现。家长可以用一些小事例告诉孩子：如果你贪玩不学习，下一次考试就会有同学超过你；如果你不好好吃饭，隔壁的小弟弟也能长得比你还高。这样浅显的道理能让孩子慢慢形成“危机意识”。

人都是有惰性的，当一个人总是感觉未来高枕无忧，那么他是不会想着去努力的。但是，如果明白了未来各种危机的可能性，他就一定会未雨绸缪，积极准备。“机会是给有准备的人的。”只有时刻保持危机意识，不停下努力前进的脚步，孩子才有机会攻克人生路上的各种艰难险阻，赢在未来。

给大忙人父母敲敲警钟：

在这个瞬息万变的时代，没有人一成不变就能取得成功，谁也无法预料孩子们将来会面对什么样的境况。让孩子具有危机意识就像是给孩子安上了避雷针，让他们时刻保持清醒，不懈努力，这样才能让他临危不惧，时刻占据先机。

给大忙人父母的亲子备忘录：

1. 居安思危，适用于每一个人。

2. 道德传家，十代以上，耕读传家次之，诗书传家又次之，富贵传家，不过三代。

3. 危机意识是一种好习惯，它时刻提醒我们：要谨慎、要勤奋，凡事要想在前头，做在前头。

第四节　让孩子知道什么是性侵害

注重对孩子防侵害能力的培养，而不是只向他们灌输安全知识。

中国经历了几千年的封建社会，人们的观念非常传统。在我国“性教育”是块极为薄弱的区域，“性”在孩了的意识中也极为模糊。作为家长，如何向孩子讲述“性”的内容，是一个难题。家长难为情，孩子便得不到应有的教育，从而也就失去了辨识“亲近”与“侵害”的能力。

近几年，越来越多的儿童性侵害案件被报道，引起了全社会的关注。

某小学男教师强奸两名小学女生，此老师已经年过五十；某市十四岁少女被变态色魔残害，其状惨不忍睹；某县一名小学老师猥亵学生十余年竟一直没有被发现……这些事件实在令人发指，同时，也引起越来越多的人对“儿童性侵害”的重视。

儿童性侵害的定义是18岁以下的未成年人，被成人胁迫进行性活动，包括乱伦、强暴、性虐待、同性恋行为、猥亵、性剥削，以及监护人同意儿童或青少年和他人有违法的性行为等。

由于儿童辨识度低，在受到性侵害时，很多孩子根本不知道自己受到了侵害，这就给了作案人再次实施犯罪的机会。

在儿童受到的性侵害案件中，最让人痛心的是侵害者多是孩子认识的人，他们获得了孩子充分的信任，而侵害者正利用了这一点实施犯罪，并常伴有多次犯罪的行为。

儿童受到性侵害的危害非常大，除了生理上的伤害，更重要的是心理上的创伤长期难以愈合。被害儿童在相当长的时间里，会出现一系列的心理问题，比如恐惧、抑郁、讨厌自己的身体、敏感、自卑等。症状表现的程度不一，但是绝大多数无法自行愈合，即使到了成年之后，这种心理阴影也会给他们的人际关系造成困扰。除了女孩容易受到性侵害之外，在案例中还存在许多男孩受到性侵害的情况，这是家长们没有预料到的。

要让孩子免遭性侵害，家长必须告诉孩子以下几点：

1. 必须让孩子清楚哪些行为是性侵害。

只有让孩子清楚地知道哪些行为是性侵害，孩子才能在遇到伤害的时候正确判断，做出反抗。

父母向孩子讲解如何辨别性侵害的行为时，可以通过几个要点来说明：

（1）公然或者私下被人要求看或者用身体的某个部分（手、嘴、生殖器）去接触孩子被背心、裤衩所遮住的地方，例如胸部、生殖器，或者是

让孩子去看或摸、亲他人的这些部位。

（2）私下带孩子看有很多成人裸体镜头的画册、视频。

（3）在公交车、地铁等人群拥挤的场所暗中触摸孩子的隐私部位。

只要出现这种情况，孩子就可以确定是受到侵害了。

2. 要让孩子正确区别善意的亲近和恶意的接触。

父母要让孩子能够辨别善意的亲近和恶意的接触。善意地表达喜爱时，会有亲吻、拥抱，但不会触碰到孩子的隐私部位。如果成人的某个部位（手、唇、生殖器）在孩子的隐私部位反复接触，这时候孩子一定要想办法离开，并告诉家长实情。

3. 不要忽略熟人的过度亲近。

儿童性侵害中的罪犯绝大部分都是与孩子熟悉的人，孩子一般不会想到自己身边的人会伤害自己，对罪犯的防范意识差，因此家长要清楚地告诉孩子，任何人都有可能是伤害你的人，包括你所熟悉的人、亲近的人、信任的人，比如老师、邻居、亲属等。只要发现有人对自己做出了过度亲近的动作，不论是陌生人还是熟人，都要拒绝并在第一时间告诉家长。

4. 一旦遭遇性侵害，孩子要学会如何应对。

（1）如果遇到侵害，要冷静地拒绝，并寻找机会离开伤害自己的人。

（2）不要急于呼救或者反抗，要随机应变避免激怒对方，给自己带来危险。

（3）如果被侵犯了，要立即如实告诉家长，报警并到医院检查受伤情况。

那么，如何让孩子学会自我保护而不受到性侵害呢?

首先，不要让孩子随意裸露自己的身体，不管男孩还是女孩，不管是公众场合还是私下，都不可以。

其次，不要扼杀孩子的好奇心，要正确引导，通过卡通图画、科普资料让孩子了解性别区别。

第三，不要不经过家长同意就单独和他人长时间相处，并在这期间发生身体上过分亲密的接触。

儿童属于弱势群体，在没有得到大人保护的情况下，很容易受到伤害。为了避免孩子受到性侵害，家长一定要尽早对孩子开展防护教育，让孩子从小就知道哪些行为会对自己造成伤害。

给大忙人父母敲敲警钟：

孩子的任何异常表现都可能预示着有事情发生，家长不要忽视孩子模糊的信息，要随时注意观察孩子的反应，从身体的异常到日常表现的异常，及早发现，及时询问，尽快求证。

给大忙人父母的亲子备忘录：

1. 让孩子能够懂得辨识危险，学会保护自己。

2. 防侵害重在能力的培养，注意不要因为过多的反面例子让孩子害怕与人交往，这种情况是要不得的。

3. 家长无论多忙，一定要给予孩子足够的关爱与保护，因为一般情况下，得到的爱特别饱满的孩子别人引诱不走。

第五节　突发安全事故如何自救

教会孩子自我保护和逃离危险，是保护孩子免受伤害的最好方法。

2014 年 12 月 31 日 23 时 35 分，上海市黄浦区外滩，在群众自发进行的迎新年活动中发生了踩踏事件，至 2015 年 1 月 1 日上午 11 时，就已经确定造成 36 人死亡，47 人受伤，其中重伤 13 人。受伤人员中以青年居多，遇难者年纪最大的 37 岁，最小的才 12 岁！

都说“防患于未然”，谁也不希望意外事件发生，可大忙人父母们忙到连陪伴孩子的时间都没有，他们更不可能时时守护在孩子的身边照看他们。孩子的安全保护意识较为薄弱，喜欢打闹，没有养成安全行为习惯，心理素质较差，遇到危险容易慌乱，同时，家长和学校对安全自救教育不够重视，造成惨案频发。那么，突发安全事故，孩子该如何独自面对呢？

媒体曾经报道了一件学生踩踏事故：某中学课间操时间，学生们从楼上涌下，推搡中一名学生摔倒，学生们一慌乱，迅速演变成了多人踩踏事故。据统计，这次事故造成 41 名学生受伤，其中重伤 7 人。

媒体也就此事件采访了各地的学生，针对“如果遇到踩踏事件你会怎么做？”这个问题，许多学生的答案是：“我也不知道应该怎么做。”可见我们平时的安全自救教育有多么匮乏。

安全教育是教育内容里非常重要的一项，不管是校方还是家长都必须高度重视，千万不要等“狼来了”再学，那就来不及了。

作为校方，首先要把安全教育融入日常的教学当中，定期组织自查，积极开展安全宣传，组织各种主题活动和演习，注重孩子实际处理能力的培养。

同时，家长也要做到重视安全教育，并从自身做起，不给孩子做出错误的示范，比如不闯红灯，走路不横冲直撞等。家长平时要多向孩子讲解安全知识，在日常生活中告诉他们正确的做法。比如不要让好奇的孩子独自往人多的地方挤，过马路必须要走斑马线，下雨天走路要放慢速度，上下楼梯时不要抢行、不能打闹，等等。

意外发生时，要想做到有效地自救 ，孩子们首先要有足够的安全观念，其次要学习各种安全知识理论，最后一定要掌握一定的安全技能。

孩子可能遇到的安全事故有很多种，现就其中几种加以说明：

1. 踩踏事件发生时的自救措施。

（1）遇到踩踏事件，如果是在人群边缘位置，要尽力往外走，避免被卷入踩踏中心，从而受伤。

（2）如果被困于踩踏中心无法脱身，自救时要重点护住头、颈、胸、腹。

具体的操作是：①双手十指交叉相扣于后脑，护住头和颈部，双肘向前挡于太阳穴处。②如果被动地被人群挤着前进，要左手握拳，右手握于左腕，双肘撑开护于胸前并形成一定的空间，保证呼吸无碍。尽量保持直立姿态和稳定，如果能抓住身边的固定物体最好，千万不要有弯腰系鞋带之类的动作，因为，一旦弯腰，人就极易因失去平衡而被推倒在地。③如果已经被挤倒在地，要尽全力蜷缩，收缩双腿于胸前，侧向卧地。这个动作也适用于被压事故，比如建筑物倒塌的压制。④踩踏逃生时切忌紧贴栏杆、墙壁或墙壁的死角，避免被挤压受伤，更不要慌乱中从高处跳下。

2. 防止被骗、被拐的方法。

有个非常著名的寻子网站叫“宝贝回家”，专门帮助被拐孩子回家。每年有数以万计的孩子被拐骗、贩卖。

罪犯在拐骗孩子时，首先会骗取孩子的信任，他们会用各种语言或者物品来诱惑孩子。家长要教孩子做到以下几点：

（1）了解骗子的语言、行为特征。

（2）提高警惕，不轻信他人。不单独与陌生人交谈、交友。

（3）不接受陌生人莫名的奉承及殷勤馈赠。

（4）如发现已经被拐骗，要保持冷静，寻找时机向他人呼救，明确表示：“我不认识这个人，他不是我的爸爸/妈妈！请帮我报警！”

3. 孩子独自在家不慎起火，引发火灾的自救方法。

家长所担心的危险，主要是孩子独处时发生的意外情况。家长要告诉孩子，一旦遭遇火灾，一定要先保持冷静，判断清楚起火的原因，再根据火情做出自救。

（1）油锅起火要先用锅盖将锅彻底盖严，隔绝空气，使火势熄灭，切忌用水灭火。

（2）如果发现因燃气泄漏起火，要先将燃气管道阀门关闭，用灭火器

灭火，待明火全部熄灭，再开窗通风。

（3）如果是电器着火，同样忌用泼水的方式救火，以免引发触电事故，应该先切断电源，再以湿毛巾或被褥压灭火势。

（4）在明火未全部熄灭之前不要开窗，以免空气对流造成火势扩大 。

（5）如果火势很大，无法自行灭火，要向邻居或窗外的人求援，同时拨打 119 火警求助，准确清楚地说明发生火灾的地址和着火原因。

（6）如果无法逃离火场，要尽量将火势与自己隔离开来，并准备湿毛巾堵住门缝以阻止烟火漫入，同时，用湿毛巾捂住口鼻防止呛伤，逃离火场时要俯身前进。

4. 运动伤害后的自救措施。

孩子都好动，玩起来不顾后果，有时运动不当容易造成运动性伤害，这种情况要分为事前预防和受伤救治两部分来采取措施。

事前预防是指运动开始之前，要认真检查运动器械的功能，是否有故障隐患，保护性设备是否安放到位，进行危险性运动时他人不可乱跑以免误伤。同时，运动前要做好充分的热身，舒缓筋骨，以免剧烈运动造成肌肉或韧带的拉伤，运动过程中也要严格按动作规范来，以免造成运动性伤害。

如果已经出现运动受伤，就要根据不同的受伤原因进行不同的处理：

（1）关节的扭伤、挫伤要用冷水浸湿毛巾或用冰袋在伤处冷敷。

（2）破皮出血时要先清理伤口的污物，如泥土、沙子等，然后简单地止血包扎，再去医院对伤口进行进一步处理。

（3）游泳时出现手部抽筋要用力张握手掌；上臂抽筋要全力曲肘伸直，反复迅速地做几次即可缓解；腿部或脚趾抽筋要将身体放平，用对侧手拉住抽筋脚趾大力拉向身体的方向，另一只手压住抽筋一侧的膝盖，使腿保持伸直，反复几次就能解决。

（4）如果同伴溺水，要大声呼救，寻求成人帮助，不要自行下水救助，以免造成更大的伤害。

除了以上几种，还有盗窃、交通事故、触电、中毒等意外事故，另外还有地震、水灾等不可预测的自然灾害等。这些都需要家长和学校分门别类地向孩子教授相关的自救知识，并进行模拟训练，以便孩子能够在遇到安全意外时冷静自救，正确应对。

给大忙人父母敲敲警钟：

再完备的防范也不能排除意外的发生，家长紧盯严防也不能24个小时跟在孩子的身边，让孩子懂得在什么情况下会有危险，发生危险时如何自救，就等于给了孩子24个小时的保护。

给大忙人父母的亲子备忘录：

1. 意外防不胜防，我们必须要把自救意识提到绝对高度。

2. 安全教育要融入日常生活中才能收到好的效果，父母以身示范、孩子耳濡目染，遇事自然能头脑清晰，冷静应对。

3. 叮嘱孩子：遇到安全事故，一定要冷静，不要因为慌乱出现二次伤害。

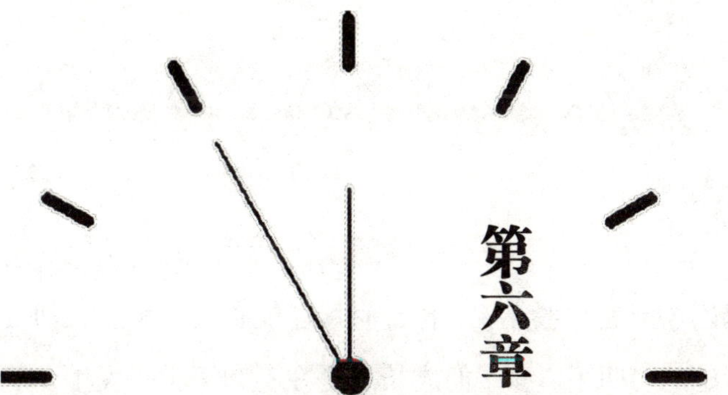

第六章

较劲不如交心，对抗不如对话：大忙人父母撞上青春期孩子

第一节　关爱不等于唠叨

世界上有一种最美丽的声音，那便是母亲的呼唤。

——但丁

很多妈妈今天还在想着孩子什么时候才能长大，第二天却发现孩子已经不愿意听她的唠叨了。孩子的成长总是在不知不觉中发生，从小那个听话的乖孩子，某一天妈妈再提醒他“过马路要看车”时，他会皱起眉头说：“我又不是小孩子了！”明明天气预报今天有雨，妈妈喊他带上伞时，他已经骑车一溜烟不见了。晚上让他早点休息，结果招来他一句：“妈，你别唠叨了行吗?”……

许多家长都说，我还没有准备好孩子的长大呢，就发现他不知道什么时候已经从我的翅膀底下跑出去了。家长接受不了孩子的不“顺从”、不“乖巧”，说一句不听就再说一句，再不听就说十句，结果家长越来越唠叨，孩子越来越反感，最后导致亲子关系的僵化，甚至产生孩子的对抗。

青春期的孩子不同于儿童时期，他们已经有了强烈的独立意识，自认为已经可以决定自己的事情，最不愿意家长还当自己是个小孩子，事事提醒，处处干涉，这个阶段在心理学上被称为“心理断乳期”，是在孩子12~16岁之间。这个年龄段的孩子知识量有一定的积累，接触的社会范围也有所扩展，认知上有了很多的变化，心理成长较为迅速。他们觉得自己已

经是“大人”了，不需要爸爸妈妈管教过多，因此会出现和爸爸妈妈顶嘴，或者不愿意和爸爸妈妈沟通的现象。

孩子们对于爸爸妈妈的唠叨都是什么样的想法，可能很多父母都不知道。父母认为自己一切都是为了孩子好，所以对于孩子不愿意听爸爸妈妈的唠叨非常生气，而孩子对于父母的初衷并不是不理解的，但是理解并不等于认同，来听听孩子们怎么说吧！

“我明白妈妈唠叨是为了我好，可我真的很烦！他们总是提醒我，就像我什么也不行似的，他们对我什么都不放心，这样我还怎么成长？我有时候真想离家出走，让他们找不到我，我想一个人到外面闯闯，证明给他们看，我完全可以独立生活！”

“家长的唠叨是我们最反感的事情，就算是我们做得不够好，他们完全可以用其他的方式来教育我们。他们的教育方法真的有必要改进一番，不然这代沟可真的难以逾越！”

“爸爸妈妈的唠叨真是让人烦死了，他们越这样越会打击我们的自信，还会让我们产生逆反心理。说到底，家长根本就不理解我们，他们的唠叨简直就是对我们的束缚，是折磨！”

“我最烦我妈妈没完没了的唠叨，她唠叨的全是小事：过马路要看车，吃饭别看电视，走路别摇头晃脑。其实这些事我都知道，她不唠叨我自己也会做到，可是她天天这么唠叨，我就偏和她对着干！其实，我真想说，我能做好的事您就别唠叨了！”

“我愿意听爸爸妈妈的唠叨，他们的提醒让我养成良好的生活和学习习惯，这是爸爸妈妈对我的关心。”

从这些孩子的口中可以看出，孩子们很感激爸爸妈妈对自己的关怀，但是他们也渴望自立自强，不受到父母的约束。

孩子对于爸爸妈妈的唠叨最烦的是下面四种：

第一种：小事说了又说。

孩子渐渐长大了，那些很基本的生活能力他们早就掌握了，家长只管大事，小事就该放手让孩子自己安排。

第二种：揭伤疤。

孩子稍有一点做得不好，家长就会唠叨个没完，恨不能把孩子呱呱落地时的错事都数落一遍，这样的训斥最容易让孩子产生逆反心理。

第三种：直接否定。

孩子的想法与大人不同，有时差异性会很大，这时候家长会以一种过来人的口吻直接否定孩子的认识，而这种否定对孩子的伤害非常大，也会让孩子故意跟父母对着干。

第四种：定罪名。

有些家长，一旦发现孩子跟自己想法、做法不一致，就会说："翅膀硬了啊，管不了你了?""父母的话你都不听了，你是要造反吗?"这种随便给孩子定罪名的方式会让孩子产生罪恶感，这也是破坏亲子关系的原因之一。其实通常之下，孩子只是就事论事，而家长却在上纲上线。

"十个妈妈九个唠叨，一个不唠叨的是因为爸爸唠叨。"其实，父母不厌其烦的叮嘱，从不松懈的指导，都是他们爱的表现。然而关爱孩子并不等于一定要唠叨孩子，家长们一定要明白，不管是善意的提醒，还是适度的纠正，只要不是超越了原则，家长只需要适度表达就可以了，一定要让孩子明白：爸爸妈妈尊重你的成长，希望你能够独立自主，爸爸妈妈不会强迫你做什么，只会一直关注着你，关心着你。这样孩子就不会产生反感，不会厌烦，还会感激爸爸妈妈的理解。

其实，孩子能够有独立的思想和行为，是父母的骄傲，家长完全可以

换一种角度来看待孩子的逆反，这只是成长，不是反叛。

关爱并不等于唠叨，孩子在成长，家长也要成长，从事事依赖到独立成熟是个漫长的过程，家长要随着孩子的成长转变自己的教育观念和方法。

但丁说，世界上最美丽的声音是妈妈的呼唤，家长可不要用唠叨把这种声音的美感破坏掉啊！

给大忙人父母敲敲警钟：

关心孩子是义不容辞的，但是教育的方式不能一成不变。孩子小时候，家长的每一次提醒都是教育，可当孩子渐渐长大，父母就要相信孩子，不必事事提醒，关爱变成了唠叨，结果只能适得其反。孩子在成长，家长也要适时改变教育方式。

给大忙人父母的亲子备忘录：

1. 唠叨会影响孩子的判断力，打击孩子的自信心，降低孩子的责任心，甚至还会影响孩子的身心健康。

2. 家长的唠叨其实是对孩子身心发展的一种控制欲，是家长焦虑的体现，请不要把这种负面情绪传给孩子。

3. 用具体的行动和事实来说服孩子，而不只是用口。

第二节　逆反不是男孩的错

叛逆对于一个人的成长来说，不过是暂时的，只有经过这个阶段，人才会慢慢成熟，也才能真正地理解自己的父母。

当孩子从小学生升为初中生，家长们会发现："我家的乖孩子怎么不乖了?""他居然和我顶嘴!""这孩子要管不住了!"

"不乖""顶嘴""管不住"，这些都是青春期孩子的突出表现，男孩子尤其明显。大忙人父母们已经习惯了小时候那个听话的孩子，即使偶尔有些小脾气，家长呵斥几句还是能镇得住，但是不知不觉中孩子就长大了，他们要么顶嘴，要么根本就不听你的。反正你说你的，我该怎么做还怎么做。

青春期还有一个别名叫叛逆期，顾名思义，这个阶段的孩子，什么事情都是似懂非懂，但是一定要做出什么都懂的样子，他们有了自己的想法，即使没有把握，也不愿意听从父母的意见，觉得和父母唱反调才是自己长大了的表现。他们的这种心理，表象是逆反，实则是各种压力带来的反应。随着孩子年纪的增长，认知的增多，眼界的开阔，他们想知道的越来越多，但是现实却往往跟不上他们的需求，比如，他们希望结交更多的知心朋友，但是他们对于人际交往的技巧不是很熟练，往往出现事与愿违的情况，他们找不到解决的办法，压力就会积聚在心中，

潜意识会有自我对抗，反映出来就是和外界的对抗，形成各种“逆反”行为。

男孩进入青春期之后，生理变化迅速，随之带来了心理的变化。他们更加愿意思考，开始有自己的见解，对父母的理论表示怀疑，这会使父母感觉到家长的权威被动摇。父母要维护家长的权威，或者说要保住面子，就会对孩子指责和强压，这必定引起孩子的反感和抗拒。如果家长在此时不能调整教育方法，反而增加孩子的心理压力，就会导致孩子滋生偏激心理，他们感觉不被父母理解，难以让父母接受，索性就与父母对立。

孩子进入青春期，大忙人父母需要拿出更多的耐心和理解，用心做孩子的朋友，掌握孩子的心态波动，对孩子进行适当的引导，不能打压，也不能放任自流。

家长要了解青春期孩子的特点，明白所谓的逆反只是他们成长时爆出的一些火花，耀眼而美丽。在这个阶段家长要少说多听，真正进入孩子的内心去了解他们的真实想法。

首先，把孩子的个人事务支配权交给他自己。

孩子会在什么时间做什么事情，参加什么样的社团，结交什么样的朋友，做出什么“创举”，这些只要不出格，家长都要放权，让他按自己的意愿来决定。如果确实有一些不妥之处，家长要以商量的口吻与孩子沟通，提出调整建议，分析利弊，引导孩子明辨是非，做出决策，家长千万不要全盘否定孩子，以“我吃的饭比你吃的盐还多!”的老姿态对孩子指手画脚。

其次，让孩子参与家庭重大事务的表决。

既然孩子在进入青春期之后认为自己是“大人”了，那就要让他感受做“大人”的责任。比如家中要更换家具，全家可以召开家庭会议，所有家庭成员都要发表意见，让孩子感受到父母对他的尊重和重视，这有利于培养孩子以后的生活决策能力，也能拉近亲子之间的关系。

第三，要保护孩子的隐私权。

青春期的孩子，心理变化非常微妙，他们的隐私和心事也越来越多，但是他们不愿意和家长倾诉，甚至不会和任何人说，只是写进日记、博客，或在微博上含糊地写几句话，家长如果察觉到了孩子的变化，不必急于和孩子沟通，不要强迫孩子说出心事，更不能偷窥孩子的隐私，这种不尊重孩子的做法最不可取。

青春期的孩子逆反行为多，叛逆到让家长头痛，但是他们并不是不能沟通，只要家长调整沟通方式，找对沟通技巧，他们一样愿意倾诉。

（1）以尊重为前提，多鼓励，少批评。

（2）学会换位思考，找到问题的症结所在。

（3）和孩子交流的内容要丰富，切忌除了学习没得说。

（4）先稳定情绪再和孩子沟通，不要在气头上和孩子说话。

给大忙人父母敲敲警钟：

青春期的孩子努力地想要挣脱父母的约束，试图证明自己的独立和成熟，家长的管教容易让他们做出违反行为，其实，这正是他们成长的表现。每个时期的孩子都有他们的特殊性，家长要及时调整教育方法和心态，和孩子一起成长。

给大忙人父母的亲子备忘录：

1. 每个人都是从青春期走过来的，将心比心，逆反并不是错。

2. 家长要尊重孩子的意愿，相信孩子的判断，做好监督和陪伴。

3. 青春期的孩子坚强与脆弱并存，只要家长用正确的方式引导他们，相信每个孩子都可以绽放出绚烂的生命之花。

第三节　青春期的女生爱美丽

爱美之心，人皆有之。

童话故事《白雪公主》中，王后的魔镜一直在判断谁是世界上最漂亮的女人，而王后无论如何都要杀掉白雪公主，也是因为白雪公主成年之后夺走了王后“最美女人”的名号。可见，美丽对于女人是多么重要，它引起的嫉妒心是多么可怕。

女孩子是从什么时候开始关注美丽的呢？一定是从青春期开始的。她们由于生理和心理上的发育，对于性别的差异性有了更深的认识，对于个人形象也更加在意。她们通过装扮自己来增加自信，用自己漂亮的外表来吸引别人的注意。不过，有时过度注意个人的外表，也会有问题。尤其是对于青春期的女孩，最自然的面容就是最美丽的，毕竟青春本身就很美丽。如果过分地装饰，反而失去了这个优势。

孩子太关注自己的外表，家长也很苦恼：“这孩子的心思全花在臭美上了，哪有心思学习啊！”“天天对着镜子照啊照的，恨不得长到镜子上！”“天天花枝招展的，哪像个学生？”“看看，男孩子都给她写条子，这还不是她自己招来的！”可是，孩子若是不爱美了，家长也会着急：“我家女儿就是个假小子，天天运动鞋配牛仔、T 恤，哪有个姑娘的样子？”“她出门的时候连镜子都不照一下，头发乱糟糟地就跑出去了，也不嫌丢人！”

看看，家长们对青春期的女孩真是操碎了心，太爱美了不行，不爱美了也不行。那么，青春期的女孩到底要怎么爱美才合适呢？

爱美是女孩的天性，不要太随意，也不用过分修饰。

太不注意外表，衣衫不整，邋遢随意，令人厌恶；过分的装饰，分散了学习的精力，也会掩盖青春期的自然美，容易让人生出偏见。就算是自我欣赏，也要适度。外出时照镜子检查一下个人仪表是需要，时时抱着镜子欣赏，就是自恋。

所有人都是生活在集体中的，家庭是小集体，学校是大集体。以一个得体的形象跟别人交往是基本的礼貌，但过分在意自己的装扮，就是虚荣了。

那么，对于过度爱美的女孩家长应该怎么引导呢？

过度爱美丽的女孩有一个习惯，就是随时随地照镜子，还会不断地询问他人自己的装扮效果，非常在意他人的评判。这些都是青春期女孩对"美丽"这个概念认识不成熟的表现。改变这种状态，最好的办法就是让自己逐步自信起来。

1. 给自己规定照镜子的时间和场合。

例如外出之前，洗漱之时，与人会面之前需要照镜子整理仪表，除此之外，不需要特意关注自己的外表。

同时，向他人询问自己装扮效果的次数也要减少，可以让朋友帮忙提醒。

2. 转移注意力。

将爱美的行动改为其他活动，比如青春期女孩的首要任务——学习，平时可以多参加社团活动，让更多有益于身心健康的事情来分散注意力。

3. 用正确的观念来对待青春期感情。

有些女孩过度关注自己的外表，主要是对异性有了朦胧的感觉，对一些学习好、形象好或者其他方面表现突出的男孩产生了好感，希望自己的形象耀眼，以便引起对方的注意。家长要引导孩子多注意个人内涵的修养，在增加自信的同时，丰富自己的精神生活，平稳度过感情的懵懂期。

女孩爱美并不是坏事，在爱美的年纪做爱美的事情是好事，家长不要因此产生烦恼，只要孩子掌握合适的尺度，能够正确对待，便可以收获一个美丽的青春期！

给大忙人父母敲敲警钟：

“女大十八变，越变越好看。”女孩爱美是天性，而青春期是女孩最美丽的季节，要让最天然的青春美绽放出来。家长要多关注，多给予孩子正面的引导。

给大忙人父母的亲子备忘录：

1. 美丽是有标准的，家长要帮孩子认识到什么是真正的美丽。

2. 真正的美丽是自信和天然。

3. 美要由内而外，要引导孩子关注多方面的美，如个性之美，品德之美，自然之美，思想之美等。

第四节　学会用合适的表达方式来交心

因为是血肉相连的亲人，所以许多话反而就成为了禁忌。交流是羞耻，亲近是羞耻，唯有通过相互苛求和中伤来表达对彼此的爱，才是理所当然。这是多么可悲的事实。

——郭敬明

现在的家庭，就算父母们再忙，“一切为了孩子”的想法都没有动摇过。可是家长们对于孩子的心理需求却不太了解。形成这样的局面，就是亲子沟通不畅造成的。用孩子的话说：“不愿意和家长聊天，更不想把心事告诉他们。”为什么最亲近的家长却得不到孩子的信任？

学校组织了一次亲子互动活动，把家长和孩子召集在一起，让他们同时在调查问卷上答题。家长答的题都是关于孩子的，孩子答的则是关于家长的。问题都是对方的基本信息，比如生日、体重、鞋号、喜恶等。大多数家长对于孩子的生理数据和日常生活习惯都了如指掌，但是对孩子的真正喜恶却不太清楚。约四成的孩子答出了家长80%以上的基本信息，其余六成答得非常艰难，连父母的生日都要想半天。

为了加深印象，老师随机抽选了几名同学和家长来互动，孩子念答案，家长来评定，然后再换过来。第一个上台的苏哲同学刚把爸爸的信息念了一

半，爸爸就非常生气地打断了他，厉声指出里面的错误，当着所有师生和家长的面开始训斥儿子。苏哲当场就和爸爸顶嘴，说爸爸的答案也有一多半都是错的。爸爸火冒三丈，差点动手打他，幸亏被老师拦住了。

这出闹剧搞得大家都非常尴尬，事后老师和苏哲沟通，苏哲依然愤愤不平："我只是记不太清他到底穿多大码的鞋，其他的我都写对了，连他生日的阳历和农历都分清了，他至于吗？当着大家的面训我，说我什么都不知道，既然他对我全盘否定，我还给他留什么面子？"

老师觉得他们父子平时缺乏沟通，苏哲承认，不过孩子又说："我和他没法说话，根本说不通，说了也是白费劲。"在家里，苏哲的一切都由爸爸决定，连吃什么东西、喝什么牛奶都要受限制，不能穿奇装异服，不能弄怪异的发型等，"简直是管到太平洋里去了！除了数落我这个不行、那个不对，他就没别的话和我说。"

而苏哲的爸爸也是一肚子委屈。平时他工作比较忙，关心孩子不多，在孩子升入初中之后就想着要和孩子多些沟通。可是孩子与他显得很生疏，父子俩不知道什么时候早已产生了隔阂。这次的亲子互动活动他没有答对，爸爸想着就借此机会让他明白，他应该多了解父母，多与父母交交心，结果却闹得不欢而散！

这个事例突显了孩子和家长之间的沟通不畅，而主要的问题显然是在家长的表达上。从苏哲的话里可以听出，爸爸平时对他的管教很严，是个高高在上的父亲，而这次的当众指责也有爸爸的习惯在里面。"可怜天下父母心"，父母对孩子的爱是无私的，然而，由于不当的表达方式，不仅没有达到沟通的目的，反而激起了孩子的反感，加重了孩子的叛逆。孩子有了问题想和家长沟通，却可能招来家长的训斥，导致孩子和家长越来越疏远。

沟通是门艺术，家长需要不断地提高表达技巧，灵活机动，选择合适的表达方式与孩子沟通。

1. 不说威胁、恐吓的话。

孩子小时候不听话，家长有时会吓唬孩子：“你再调皮就把你扔出去!”等孩子长大了，做了一些让家长非常生气的事情，气头上的家长也许会说：“滚出去，永远别回来了!”孩子在幼年时对家长的这种话是不太会分辨的，在受惊之下，马上就变乖了。可是到了青春期，孩子已经有了一定的分辨能力，对于家长这种威胁、恐吓的话不再害怕，而是气愤，他们不仅不会变乖，反而会真的离家出走，以示反抗。另外，家长对青春期的孩子说这种话也是一种无能的表现，孩子从内心里会认为“你就是管不了我。”他会更加洋洋得意，一意孤行。

2. 别拿孩子跟“别人家的孩子”比较。

有句玩笑话说世界上杀伤力最大的物种之一就是“别人家的孩子”。家长们经常挂在嘴边的“你看××家的孩子，怎么就不像你这么闹腾，人家的学习怎么就那么好?”“你就知道打游戏，不学习，你看隔壁的×××，人家每次都考第一名，那是打游戏能打出来的吗?”

“说者无心，听者有意。”家长随手拿别人当标杆是想激励孩子的上进心，可孩子感觉到的是，家长在暗示自己处处不如别人，因此才会有孩子顶嘴说：“那你把××当儿子好了!”

3. 不做爱说风凉话的事后诸葛亮。

孩子做事总是会出各种各样的状况，尤其是一些调皮的男生，大祸不闯，小祸不断，有些家长习惯于把事后诸葛亮的话挂在嘴边：“我就知道你不行!”“你看让我说准了吧，只要让你拿东西，就一定会摔坏。”

这些话听上去像是未卜先知，实际上是在否定孩子的努力，也是在扼杀孩子尝试的勇气。孩子会认为家长根本不相信自己的能力。这会导致孩子不再愿意尝试，不再积极努力，明明可以做好的事情也会故意不做，因为他们认为“反正我做了你也会说我做得不好！”

成长之路漫长，如果家长和孩子不能好好交心，这一路必定会很坎坷辛苦。所以，家长朋友们，学会用合适的表达方式来与孩子交心，与孩子共同进步吧！

给大忙人父母敲敲警钟：

沟通是亲子关系中最重要的环节。想让孩子愿意沟通，乐于倾诉，需要家长运用合适的表达方式与孩子互动。孩子只有相信你，才会向你打开心扉。合适的表达，就是打开孩子心门的钥匙。

给大忙人父母的亲子备忘录：

1. 跟孩子沟通时，要做到即使忠言也不逆耳。

2. 家长可以先做个倾听者，不打断孩子的话，不乱下结论，不随便干涉，这也是交心的方式，也是合适的爱的表达。

3. 家长是“过来人”，但那是自己的曾经，孩子的未来并不等于家长的过去，给孩子建议的时候，合适地表达自己的观点，但不可强迫孩子接受。

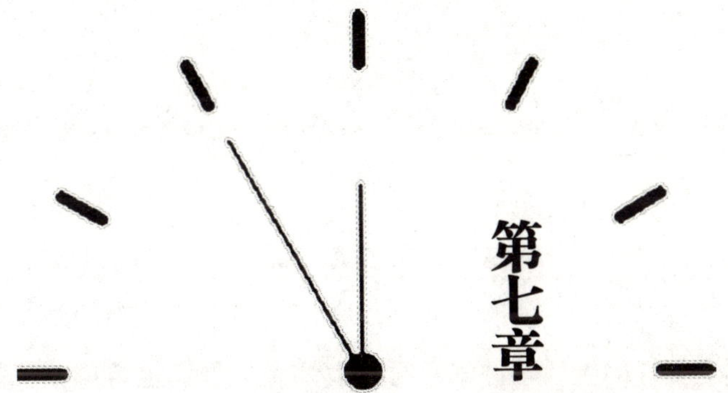

第七章

花点时间去了解孩子：只有懂孩子才能更好地去爱孩子

第一节　先做孩子，再做大人

教育孩子的过程也是家长再次成长的过程，先学会做孩子，再去做大人。

大忙人父母们把大部分的精力都投入到了事业中，为的是用自己的努力给孩子创造更好的生活条件。同时，大忙人父母们也希望孩子能快快成长，以便尽早成为他们的得力帮手。

但是，很多家长没有想过，孩子真正的快乐是什么。

丽丽五岁了，漂亮可爱，妈妈一直让她上舞蹈班，目的是培养她的艺术气质。丽丽很乖巧，一直坚持训练，还多次在演出中担任领舞，是妈妈的骄傲。这天丽丽要去上舞蹈课，妈妈正好有事，把丽丽送到学校门口就自己先走了。妈妈以为丽丽会自己进去上课，可是没想到，妈妈来接孩子的时候，老师表示要和家长谈一谈。

事情是这样的：丽丽在去教室的路上发现了一群蚂蚁在搬家，当时离上课还有几分钟时间，丽丽就蹲在那里看，结果忘了时间。一直到课上了一半，丽丽才匆匆地跑进教室。

老师本是提醒家长，以后把孩子送来时一定要和老师确认，以确保孩子不会贪玩乱跑，以免出现其他意外。可是在丽丽妈妈听来却是另一层意

思：好好的舞蹈课不上，去看什么蚂蚁搬家，在老师面前丢人，真是没出息！

回到家，妈妈狠狠地批评了丽丽，丽丽又委屈又害怕，虽然嘴上承认自己有错，但是心里非常不服气。

第二天，老师发现丽丽的情绪非常低落，丽丽和老师说：“老师，我真的不是故意迟到的，也不想辜负妈妈的苦心。蚂蚁搬家以前我只在书上看过，但是现实中我还是第一次看到，我很想了解一下。我不希望我只会读书、跳舞，我也希望可以多了解自然。老师，我这样就大错特错了吗？”

丽丽在舞蹈课和看蚂蚁搬家之间，本能地选择了后者，她并不是故意逃课，只是她对大自然的奇妙更有兴趣。如果是一名成年人，对于蚂蚁搬家这种事是不会有兴趣的，而这正是成人与孩子的区别。

有个育儿论坛曾经采访过数百位家长，问他们是否认真观察过蚂蚁搬家，是否会重复玩丢球的游戏，是否会把玩具拆散了研究等。家长的答案百分之九十都是“当然不会”。他们又问家长是否会陪着孩子做这些事，答案依然有百分之八十左右是“不会”。最后一个问题是家长小时候有没有玩过这些？这次大部分的答案都是肯定的！

可见，每个人小时候都做过这些“幼稚”“无聊”的事情，只是随着年龄的增长，慢慢忘掉了当时的快乐。

著名演员、导演蒋雯丽于2007年凭借电影《立春》中的出色表演摘得了第二届罗马国际电影节最佳女演员奖，她高兴地给儿子打电话：“儿子，告诉你个好消息，妈妈赢了！你看……”她刚想教育儿子，妈妈付出了很多努力，你看到了，所以只有付出才有回报，可话还没有说完，孩子就不以为然地说："知道了妈妈，再见吧，我还有事呢！"她就问儿子有什么事，儿子说："我急着玩呢！"蒋雯丽在之后的采访中说："在孩子的世界中，没有比玩更重要的事。孩子这是给我上了一课，让我明白得奖这件事到底是什么意义！"

在《乔家大院》等电视剧中担纲男主角的著名演员陈建斌在《鲁豫有约》上，曾给儿子念了一首诗，是泰戈尔的《玩具》：

孩子，你整天坐在尘土中玩着一根断掉的树枝。
我微笑地看着你玩着那根折断的小树枝。
我忙着做账，一个钟头一个钟头地累积着数字。
也许你看我一眼，想着：
"多么愚蠢的游戏，竟把你的早晨给浪费掉了！"
孩子，我已遗忘了专心致力于树枝与泥饼的艺术了。
我追寻昂贵的玩具，收集大批的金银。
你用随手所得创造了你欢乐的游戏，
而我却耗费我的时间和精力，在我永远也得不到的东西上。
我在单薄脆弱的独木舟上挣扎着要渡过欲望之海，
而忘却了我也是在游戏。

是的，孩子的心多么纯净，在他们眼中，即使只是一根断掉的树枝都比做账要有意义的多。这种认识，难道不是成年人最缺乏的，让人能在浮躁的事务中沉静下来的哲理？

家长总是把自己定位成教育者，把孩子看成是被教育者，实际上，家长在教育孩子的过程中，未尝不是自己的又一次成长。跟着孩子的步伐，

家长何不再重走一次童年，再经历一次青春，看着自己的当年和现在的孩子有什么不同，必定会有不少收益。

给大忙人父母敲敲警钟：

孩子的世界不同于成人，不要早早地把成人的观念灌输给孩子。试着用孩子的眼光去看待这个世界，你会发现更多生活中的美好。

给大忙人父母的亲子备忘录：

1. 顺应孩子的天性，给孩子一个绿色的童年。

2. 陪孩子一起成长，先从陪孩子一起玩无聊的游戏开始吧。

3. 孩子是父母的天使，他能够推动父母更好地体验生命成长的美妙。

第二节　和孩子来一次角色互换

当人人都学会站在他人的角度去思考问题，那很多问题都能迎刃而解了。

在2003年春节联欢晚会上，郭冬临和小叮当合演了小品《我和爸爸换角色》，用夸张诙谐的表演讲述了一对父子互换角色的有趣情景。在小品中，郭冬临扮演的爸爸是个在外打拼的小人物，替厂长挡酒，天天醉着回家，对孩子的关注不够，孩子在想什么他根本不知道。小叮当扮演的儿子非常害怕粗暴的爸爸，但实际上他非常爱爸爸，连爸爸写给妈妈的情书都一直带着，舍不得还给妈妈。

这个小品给许多观众留下了深刻的印象，它所表达的亲子关系有许多家庭的影子，而父子互换角色之后突显的教育问题也是引人深思的。

在小品中，爸爸认为厂长让自己挡酒是看得起自己，可是却不希望以后儿子也像自己这样辛苦，但是孩子却不理解，出现各种不听话、不懂事的情况，让家长又是伤心又是上火。当孩子有了自己的主意，要求平等，要求独立，在家长的眼中却是叛逆，是要“造反”。家长和孩子都觉得对方不能理解自己，体谅自己，摩擦不断，亲子关系越来越紧张。

如果像小品中那样，家长和孩子互换角色，会有什么样的收获呢？

小周是个会计，工作很忙，几年前丈夫因为意外离世，她一个人带着儿子。她每天都早出晚归，虽然辛苦，却不愿意把自己的辛苦透露给孩子。

小周虽然把一切苦闷都压在心里，但已经上初中的孩子早就看出了妈妈的心事，他说："我知道妈妈一切都是为了我，不想让我吃苦，宁愿苦着自己。我看着她每天那么累真的很心疼，我很想给她捶捶背、揉揉肩，安慰她一下，可是我刚走到她身边，她就会用非常期待的眼神看着我，跟我说着不知道已经说了多少遍的话：'你快去学习，要想考上重点高中就必须要比别人更加努力。'妈妈这么说让我觉得我站在她眼前的每一秒都是有罪的，只能将自己埋进书本里。"

在小周母子之间，母亲认为孩子还小，不愿意与孩于分担生活的艰辛，孩子虽然心疼妈妈，却因为家长的压力没机会和妈妈沟通。在参加"我和家长换角色"的活动时，小周惊喜地发现，儿子竟然可以很有条理地把一天的行程都安排好，而小周也体会到了孩子背课文、做题、参加考试的辛苦，感叹"当个孩子也不容易。"小周认识到孩子长大了，以后有什么心事可以和孩子聊聊；儿子也更加能体谅妈妈的辛苦，主动要求承担家里的家务。

有的家长抱怨孩子不懂得体谅父母，可前提是家长根本没有给孩子机会；孩子委屈家长总是不理解自己，原因是自己没有主动与父母沟通。

在亲子互换活动中，孩子要担当起家长的职责，由他来安排这一整天家中的事务，而家长完全放权，听从孩子的安排，做个"乖孩子"。

在尝试中，孩子的表现有两方面比较明显，第一是孩子会模仿大人的日常行为，第二是他们会很认真地安排事情，家长最担心的孩子会"滥用职权"的现象很少。由此可见，孩子是很努力地想把事情做好，让家长不

会后悔给予他这样一个“掌权”的机会。同时，家长也在这个过程中发现了自己平时教育孩子居然存在各种各样的问题，他们也感受到，孩子平时的课业压力已经很大了，家长再给增加课外作业果然“很讨厌”！当孩子学着家长的样子说：“好好学习，考试的时候要拿满分哦!”家长立即就感觉到了无形的压力，这才认识到自己平时那些鼓励的话，实则是对孩子的苛求!

在经历过角色互换体验之后，家长的改变要更大一些。原来的家长作风少了许多，他们会时刻注意自己在孩子面前的表现，态度和蔼，放弃强权和命令，尊重孩子的意志，放低姿态和孩子平等对话。

体验了家长的压力，孩子也更加懂得体谅家长的不易，他们会更乐于接受家长的意见和建议，努力做到最好。

给大忙人父母敲敲警钟：

时代不同，孩子所面对的压力与家长们那个时代面对的压力也不同。要想让孩子体谅家长的辛苦付出，就让孩子做一天家长，通过切身的体验，孩子会对家长的苦心有更深的体会。同样，家长也要去体验孩子的生活，学习、写作业、考试，感受孩子的不易，就会对孩子少一些苛责，多一些理解。

给大忙人父母的亲子备忘录：

1. 孩子有孩子的思想，家长有家长的观念，互换一下角色，家长听听孩子的心声，孩子感受一下家长的辛苦，就能更好地增进亲子之间的了解。

2. 让孩子做家长之前，家长可以制定专项任务，这样更有利于孩子的安排和操作。

3. 角色互换时，家长要认真做好“孩子”，即使孩子有训斥也要接受，角色的扮演必须到位。

第三节　你说，我听

倾听，是一种平等而开放的交流。

在亲子教育中，被提到频率最高的一个词就是沟通。常听到家长抱怨孩子："说了不听""说多了烦""我是为他好，他却跟我顶嘴"等。这些情况实在不少见。这都是亲子沟通不畅导致的。

善于倾听是沟通最重要最有效的方式，家长所欠缺的，恰恰是这个。父母善于倾听，就能了解孩子的想法，然后有针对性地去满足孩子的需要，为亲子的进一步沟通打下良好的基础。

倾诉是需要各方面因素来促成的，首先，当孩子面对家长的时候，家长要态度温和，以平等的姿态准备倾听。孩子确定了家长值得信任后，沟通才有可能开始。

陈淑由于声带息肉手术要噤声一星期。

可就在她刚刚噤声的第一天，女儿小美就闹着不要去幼儿园了！陈淑没办法说话，只能把孩子拉到跟前，做出"倾听"的样子，等她主动说出来。

小美委屈地说明了原因：原来是她在上课的时候很积极地回答问题，可是她答错了，同学们都笑话她！

陈淑特别想安慰一下女儿，然而口不能言的她只好把女儿紧紧地抱在怀里。小美伏在妈妈的怀里哭了一会儿，起身抹抹泪说：“妈妈，我去做作业了。明天要交的！”

看着女儿已经没事了，陈淑有些意外。但是小美确实没有再提这件事，而是认真地写完了作业，第二天按时上学去了。陈淑没想到，自己一个字也没有说，竟然就这样解决了问题。

看，倾听就是有这么神奇的力量！

家长学着倾听孩子的心事，要注意就事论事，放平心态，分析事情的起因，和孩子一起想办法，做出有效的、正确的引导，直到让孩子找出合适的处理方式。

倾听孩子诉说时，家长要听孩子完整表述，不要断章取义。

爱孩子，就放开你的心怀，耐心地听孩子诉说，让孩子在温暖、平等、快乐的家庭环境下成长！

给大忙人父母敲敲警钟：

家长要关注孩子的情绪和行为表现，发现异常要主动和孩子沟通，引导孩子敞开心扉。家长要以友好的态度来倾听孩子的苦恼，要以朋友的身份给孩子提出建议，绝不能用家长的强权来剥夺孩子思考和决定的权力。

给大忙人父母的亲子备忘录：

1. 家长“尊严”中的冷漠会让孩子感到无助和伤心，放下身段和孩子交流，像朋友一样倾听孩子的心事，将会有利于孩子的健康成长。

2. 父母对孩子的倾听，除了要有真诚和耐心，还要抓住有利的时机。倾听是为了弄懂孩子的心思，帮助孩子解开心结。如果时机选得不恰当，非但帮不上忙，还有可能会适得其反。

3. 倾听能使人获得精神上的解放。引导孩子说出内在感受后，就能找出问题的症结，孩子的负面情绪自然能够得到疏解。

第四节 了解孩子的特殊语言

保护了孩子的想象力，就是保护了孩子的创新能力。

在孩子很小的时候，各位家长是不是都听过他们说一些“孩子话”。他们的话不符合逻辑和常理，让人似懂非懂，啼笑皆非。家长常用成人的“正确”知识来“纠正”孩子，让他们不要闹笑话。然而，这些孩子话却是孩子在童年时期专有的特殊语言，是非常珍贵的。

事例一：

小李夫妇计划再生一个宝宝，但是又担心一直是独生子女的儿子接受不了，他们就试探着和孩子沟通：“儿子，妈妈再给你生个妹妹，和你一起玩好不好啊？”

儿子很认真地想了想说：“还是给我生个哥哥吧！”一句话把夫妻俩说得哭笑不得。

事例二：

丁当和姥姥在窗口看到楼下很热闹，姥姥告诉丁当这是结婚，那个穿婚纱的是新娘子，旁边是新郎官，以后他们就会有小宝宝，就像丁当一样。姥姥随口问道：“丁当，你看那个新娘子漂不漂亮？你长大以后，想不想也娶这么漂亮的新娘子?”丁当转转眼珠说:“我要娶妈妈!”姥姥听了,被逗得哈哈大笑!

事例三:

妈妈新创了一道菜,爸爸尝过之后赞不绝口,三岁的女儿洄洄吃了一口大声地对妈妈说:“妈妈,这道菜的味道真漂亮!”这个形容让爸爸妈妈一愣,味道怎么能用漂亮来形容呢?妈妈让洄洄再详细地说说,洄洄想了想,指着菜盘说:“红的、白的、绿的、黑的,漂亮!”又吧咂了几下嘴巴说:“很香!”妈妈笑着说:“洄洄的意思是,妈妈的菜颜色很漂亮,味道很香,是不是?”洄洄重重地点了点头。

以上几个事例都可以看出,孩子话确实不符合逻辑,表述按常理判断是错误的。不过,家长有没有从孩子的话里听到特殊的信息?事例一中的孩子让妈妈给他生个哥哥,原因是儿子希望有个哥哥带自己玩,还可以保护自己。事例二中丁当说长大以后要娶妈妈,难道不是因为在孩子的认知中,妈妈是世界上最漂亮的女人吗?或者他希望自己未来的妻子就像妈妈一样爱他?事例三中女儿形容妈妈的菜“味道漂亮”,这是多么简洁的表达啊,比大人的思路直接多了。

一些家长为了让孩子不输给别人，早早地把各种知识灌输给孩子，让他们提前进入了大人的世界，失去了许多儿童应有的乐趣。他们知道天上的星星有各种星座，却不知道牛郎织女的故事；他们学习动物生长的过程，却不了解小蝌蚪找妈妈的辛苦；他们知道云彩只是水蒸气变化形成的，却失去了把云朵想象成棉花糖的乐趣。

和孩子聊天的时候，无意间家长就会和孩子说成两岔，到底是孩子跟不上大人的思路还是大人的思维被常规思想所束缚了呢？了解孩子的特殊语言，大人就能更顺利地进入孩子的世界，而对孩子用特殊语言来表达的宽容，就是保护了孩子的想象力。

要了解孩子的特殊语言，保护孩子的想象力，家长要注意以下几点：

1. 在孩子用“孩子话”表达时，家长不要急于按照成人的思维纠正，保持孩子单纯的思维是最好的选择。

2. 孩子学说话时大人要用完整规范的语言去教他，不要用吃饭饭，睡觉觉这样的儿语。因为孩子早晚还是要用正式语言的。

3.“孩子话”极具想象力和创造性，是一种独特的表达方式。

要鼓励孩子充分发挥奇思妙想。就像妈妈的脸上长了个痘，妈妈说等它长熟了再处理，孩子问：“长熟了可以结个瓜吗？”这是成人怎么也不会想出来的。

有部电影叫《重返二十岁》，是说一个七十多岁的老太太拍了一张照片就回到了二十岁。但是，奇遇只是电影，童年只有一次，在孩子的童年让他们保留更多的孩子气，享受天真和单纯，这不仅不会影响到孩子的成长，还将成为他们最美好的回忆。

意大利瑞吉欧幼儿教育创始人——罗里斯·马拉古齐的诗《你理解儿童的一百种语言吗？》很准确地表述了孩子们的特殊语言，家长们可以认真地读一读，想一想，是不是自己掠夺了孩子童年的奇思妙想？

《你理解儿童的一百种语言吗?》

孩子，是由一百种组成的。

孩子有一百种语言，一百双手，一百个想法，

一百种思考、游戏、说话的方式。

一百种，是一百种倾听、惊奇、爱的方式。

一百种歌唱与了解的喜悦。

一百种世界，等着孩子们去发掘；

一百种世界，等着孩子们去创造；

一百种世界，等着孩子们去梦想。

孩子有一百种语言，

但是他们偷走了九十九种。

学校和文化，把脑袋与身体分开，

他们告诉孩子：不要用双手去想，不要用脑袋去做，

只要倾听不要说话，了解但毫无喜悦，

只有在复活节和圣诞节的时候，才去爱和惊喜。

他们告诉孩子：去发现早已存在的世界，

而一百种当中，他们偷走了九十九种。

他们告诉孩子：

工作与游戏、

真实与幻想、

科学与想象、

天空与大地、

理由与梦想，

不是同一国的。

因此他们告诉孩子，

一百种并不在那里。

孩子说：

不，一百种是在那里。

给大忙人父母敲敲警钟：

时光一直向前，无法折返。童年时代是孩子最甜美幸福的阶段，天真纯洁的思想是他们最珍贵的财富，家长不要折断孩子想象的翅膀，要让他们天马行空地想象，用特殊的语言描述他们的美好童年。

给大忙人父母的亲子备忘录：

1. 孩子的思想简单，观点天真，但是想象力无可限量。

2. 成人的认识或许科学成熟，然而却不宜过早地灌输给孩子。

3. 当孩子的表述词不达意时，家长要有耐心地去倾听，去理解，或许会有意想不到的惊喜。

4. 鼓励孩子说“孩子话”，同时认同他的“孩子话”。

第五节　珍惜孩子表达爱的方式

家是讲爱的地方，不是讲理的地方。

小刘刚刚晋升当了爸爸，白天为工作辛苦忙碌，晚上下班到家第一件事就是跑去看孩子。虽然孩子才刚刚满月，但是看到爸爸依然会露出笑容，大眼睛亮亮地透着兴奋。小刘抱起孩子，亲了又亲！

这样的场景在众多的大忙人父母的脑海中还记忆犹新吧？孩子虽然很小，但他也会因为看到父母而高兴，这是他最初的，对爸爸妈妈爱的表达。再大一点，孩子会亲亲爸爸妈妈，还会和爸爸妈妈说“我爱你”。不过，孩子的性格不同，场景不同，孩子表达爱的方式也不同，有不少时候，甚至在大人没有意识到孩子在做什么时，他也可能是在表达对爸爸妈妈的爱。

事例一：

妈妈为一家人准备晚餐，在厨房里蹲着削土豆皮，不时地换一下有些蹲麻了的脚。这时，才两岁的儿子努力地搬着一个小凳子，摇摇晃晃地走过来，把小凳子放到了妈妈的身后：“妈妈，坐！”妈妈高兴地坐上去，一把搂住儿子亲了一口：“儿子，你这么孝顺，太棒了，谢谢！”儿子搂住妈妈也亲了一口：“妈妈做饭辛苦了！”

事例二：

爸爸下班回家，太累了一进门直奔沙发上瘫倒，妈妈见了就开始唠叨："哎呀，脏死了，先换鞋后进门，你怎么记不住啊？"爸爸正心烦呢，三岁的女儿过来扯爸爸的鞋带。爸爸没好气地说："一边玩去，别烦我！"女儿却睁着大眼睛说："爸爸你累了，我帮你换鞋！"爸爸低头一看，果然在一边放着他的拖鞋！爸爸的眼睛顿时湿润了，他抱歉地抱住女儿："对不起宝贝，爸爸错怪你了！"

事例三：

丽丽的姑姑刚生了个小妹妹，小妹妹满月的时候，丽丽跟着妈妈来探望。看到粉嘟嘟的小妹妹，丽丽喜欢极了。姑姑说："你是不是喜欢妹妹？你可以亲亲她！"丽丽一听，马上就在小妹妹的胳膊上亲了一口，突然，小妹妹哭了起来，原来，丽丽居然咬了妹妹一口，妹妹一哭，丽丽也吓坏了，她委屈地说："我是太喜欢妹妹了啊！"

孩子表达爱的方式有时很直接，会和你说"我爱你""我喜欢你"；有时也会非常隐晦，像悄悄塞给你一颗糖，或者偷偷地亲你一口。

有的家长说了，我没怎么感受过孩子表达爱意，他长大了以后就更不会表达了。为什么孩子越大就越不会表达爱了呢？

强强是独生子，在爸爸因为意外去世之后，妈妈一个人带着他，非常辛苦。妈妈尽可能让他的生活条件不比别人家差，只求他能好好上学，长大以后有出息。强强是个懂事的孩子，他非常体谅妈妈的辛苦，晚上妈妈下班回来，强强赶紧给妈妈拿来毛巾："妈妈，这是我用热水洗过的，您快擦擦手吧。"妈妈感动地接过毛巾："好啊，儿子长大了！"可是妈妈擦完手发现强强还站在那里："强强，你不去做作业干什么呢？""妈妈擦完手，我帮妈妈放下毛巾。还有，这是我给妈妈倒的水。"强强又端起水杯。妈妈的表情严肃起来，接过水杯对强强说："强强，你是个学生，你的主要任务是学习，这些事妈妈自己做就行了。你要懂得，妈妈这么辛苦都是为了你，你只要好好学习，就对得起妈妈和爸爸了！要是你耽误了学习，妈妈可怎么向你爸爸交代啊？"一提到爸爸，妈妈的眼圈又红了。强强急忙说："妈妈我错了，我现在就去复习功课！"

有多少家长在孩子向你表达爱意的时候，以学习的理由把孩子"推开"？甚至和强强的妈妈一样，用"对得起"爸爸妈妈来给孩子增加压力？

孩子不是不会表达，也不是不愿意表达，只是很多时候，这种表达无意中被父母扼杀了。

爱是动力，不是压力，更不是束缚。希望所有的家长都能珍惜孩子爱的表达，哪怕只是亲了你一下，只是夸你做的饭菜香，这最简单的话语里，盛的都是满满的爱！等孩子长大了，也许他不会像小时候那样亲你，但是他会在你生日时给你打一个电话，送一件小礼物，这都是他们爱的表达。

给大忙人父母敲敲警钟：

任何人都需要给予爱和收获爱，孩子也一样。不管他们的表达方式是隐晦的还是直接的，家长都应该学着去体会孩子的爱，多给他们表达爱的机会。爱与被爱都是幸福的，相信双向的爱会让这个世界变得更美好！

给大忙人父母的亲子备忘录：

1. 相信你的孩子是爱你的，即使他不太会表达。

2. 当孩子勇敢地向你表达爱时，不要笑话他，而应该感谢他，鼓励他！

3. 当孩子羞于向你表达爱时，你要更多地向他表达你的爱，让他有一天能够学着你的样子大声地把爱说出来。

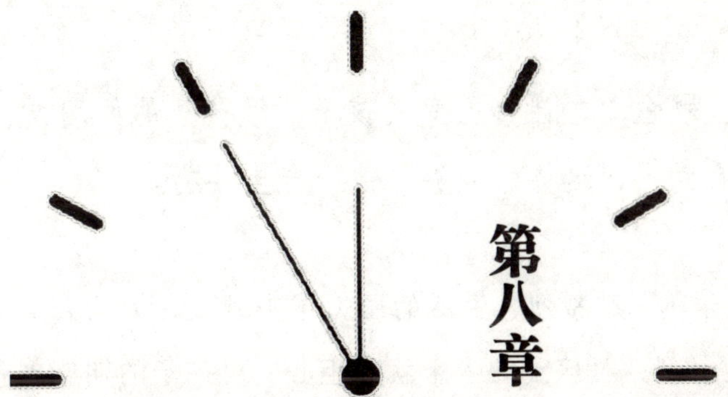

第八章

事半功倍的沟通：大忙人父母应该懂的心理法则

第一节　读懂孩子的需要

保持一颗童心，让自己变成孩子，做孩子的好朋友，站在孩子的角度看世界，这样才能够与他们产生共鸣。

社会竞争越来越激烈，生活的压力越来越大，大忙人父母们对社会的认识越深刻，对孩子的未来就越担心，对孩子的期望也就越来越高。父母的这种焦虑情绪也会给孩子带来不小的压力。有些父母总在抱怨：孩子越大越不懂事。其实，并不是孩子不懂事，而是父母不懂孩子。如果家长能够读懂孩子的心思，就能给孩子最好的，也是孩子最需要的爱。

明丽今年上初中了，要开始住校生活了。妈妈一边说着："孩子大了，要学会独立，住校挺好的！"一边天天下班去超市采购大量的生活用品。用明丽的话说："妈，你这是打算让我住校，还是打算让我在学校开超市啊？"妈妈的理论是："住校以后不能随便外出，得给你把东西备齐了！"

到了升学的当天，在学校门口，妈妈不停地叮嘱这叮嘱那，明丽却只是皱着眉头说："妈，我知道了，行了，让同学听到会笑话的，我又不是小孩子了！"爸爸过来拍拍明丽的肩膀说："女儿啊，你这一住校可就没有人和爸爸下棋了，老爸得多无聊啊？"女儿一听，抱住爸爸就哭了！妈妈

在一旁说：“看看，我为她费这么多心她还烦我，你一句没用的话就把她弄哭了！”

孩子们一天天地长大，所思所想也越来越丰富。这时的孩子需要一个能够真正尊重他们、理解他们，并且能够倾听他们内心世界的人，而孩子最信任的，便是自己的父母。如果父母只是督促他学习，管教他做事，包办了他生活上的一应事务，那他还不能成为孩子真正的朋友。

父母们应该做的，就是不要再端着家长的架子，而是应该去认真地倾听一下孩子到底需要什么。

事例中的妈妈，费了那么多心，结果孩子好像并不领情，而爸爸看似随便的一句话，却让孩子感动得哭了。这是因为爸爸的那句话，一下子击中了孩子的心，让她感觉到爸爸是需要她的，这句话是舍不得她的表达。

孩子最需要的是尊重，是理解，是陪伴，是倾听。希望每一位家长都能明白这个道理，把物质的满足放在后面，先满足孩子真正的情感需要！

给大忙人父母敲敲警钟：

大忙人父母们在日常生活中不要只顾着提高自己的业务能力，也要通过各种渠道学习教育知识，只有了解了孩子到底需要什么，才能懂孩子，才能以孩子愿意接受的方式去教育他。

给大忙人父母的亲子备忘录：

1. 读懂了孩子的需要才能找准教育的关键，用对教育的方法。
2. 不要总以大人的经验来判断孩子的需求。

第二节　平等和公平的法则

请你不要忘记，孩子们受到不公平的待遇，特别是这种待遇来自一个亲近的人（如教师、父母）的时候，他的痛苦心情会在心里留下一个长久的痕迹。

——赞科夫

封建社会时期，“三纲五常”的思想一直占据着统治地位。

“父为子纲”相传了数千年，父亲作为孩子的长辈，孩子必须对父亲言听计从。然而，这种理念在现代教育中是行不通的，那种板起面孔只会管教孩子的父母也不是孩子们所欢迎的。大忙人父母们必须要改变这种居高临下的姿态，学会和孩子平等相处，这样才能取得孩子的信任，得到孩子的尊敬，亲子关系也会变得和谐。

建伟爸爸最近很烦，因为儿子自从升入初中之后就像一下子进入了叛逆期，爸爸说什么都不听，还学会了顶嘴！小时候建伟可是个很乖的孩子啊！

建伟妈妈也发现了这个问题，她觉得，父子俩现在闹得这么僵，再这样下去也不是办法，得帮他们调解一下。

建伟妈妈找了个机会问儿子：“儿子，你跟妈妈聊会天好不好？”

建伟看看妈妈，妈妈很温和地坐在一边，没有像爸爸那样板着脸，他放下手里的书本说："怎么了？"

妈妈抚着儿子的头说："建伟今年就是初中生了，长大了，妈妈觉得，你的有些想法像是个大人了。这几天你和爸爸老是斗嘴，妈妈想听听你的想法。"

建伟望着妈妈没有说话。妈妈又说道："你要是不想说，妈妈也不勉强，只是你的想法妈妈猜不到，就帮不了你，你也不想老和爸爸这么顶下去吧？"

建伟犹豫了一下说："妈妈，其实我也不想和爸爸顶嘴，可是你看看他，每次只要和我说话就像是领导训话，而且，他要求我天天九点睡觉，不许打电子游戏，他呢，十二点都不睡觉，一直打游戏。自己都做不到，还来要求我，太不公平了！"

从这上面的事例可以看出，父子之间的矛盾就是源自不公平、不平等，做父亲的没有尊重孩子，孩子当然也不能理解父亲。规矩全是给孩子定的，大人不遵守却要求孩子做到，这就是强权。这种情况下孩子怎么可能心甘情愿地接受呢？

孩子是一个独立的个体，他们有独立的人格和自我意识，大人必须要平等地对待孩子，尊重孩子。

1. 家长要平等、公平地对待孩子，不能一个规矩两种做法。

不受尊重的感觉可能会让孩子产生叛逆心理，更加不听从大人的安排。如果大人一味地训斥孩子，也可能让孩子产生自责和内疚，这样的孩子心理承受能力会比较脆弱。

2. 平等对待孩子，一定不能把孩子当成一个"没有话语权"的角色。

"小孩子家，大人说话你少插嘴" "一边玩去，没有你说话的地方"……这些家长强权的表现，都是没能平等地对待孩子。家长应该建立

一个平等的家庭氛围，让孩子学会倾听，并且懂得在合适的时间说话，尽管有时候他的见解可能非常稚嫩，但这是家长和孩子互相了解的好时机，也是找到正确教育方法的好渠道。

3. 呵护孩子的自尊心，是公平对待孩子的关键。

世界上最可怕的是“别人家的孩子”。每个孩子接受知识的速度和程度是有差别的，不能因为孩子一时成绩不佳而否定他的努力，更不能用别人的情况来对照自己的孩子。每一个孩子都是独特的，任何两个孩子之间，都没有可比性。

4. 注意孩子的特殊性。

有时候，会有一些孩子，他们可能先天智力不足，身体有缺陷，或者是心理上受过伤，这一类孩子，家长要给予更多的关注，同时，在处事的原则上要对他们一视同仁，不要让孩子因为受到了“特殊”的照顾而感到自卑，让他们感受到来自父母最真诚的爱，这才是爱他们的正确方式。

给大忙人父母敲敲警钟：

家长是孩子最亲的人，不论你的孩子是优秀的还是普通的或者是略显笨拙的，他都是唯一的。家长应该多理解，多宽容，少偏爱，少不公。

给大忙人父母的亲子备忘录：

1. 己所不欲，勿施于人。这个原则不仅在成人社会适用，在亲子关系中也同样适用。

2. 公平是相互的，如果家长破坏了公平，就无法再去要求孩子做到公平。

3. 平等，是蹲下来和孩子对话，不只是身体蹲下，家长的思想也要“蹲下”。

第三节　尊重孩子，他有自己的节奏

家庭关系紧张，父母专制，不尊重孩子的人格，不讲民主等因素将直接影响孩子的学习与人生。

在许多家长的心中，孩子是不成熟的。家长认为，孩子们不足以应对生活中的变化，不能做出最适当的选择，不能做出正确的决定，他们会因为这些而犯错。因此，家长常常代替孩子来决定一切，而孩子，只能接受。

代替，实则是专制，是家长作风的代表。“我走的路比你过的桥都多!”“一切都是为了你好!”是的，家长所走的路确实比孩子多，但是，家长的路不是孩子的路，家长的经验并不能完全指导孩子的人生。所谓的“为了孩子好”，造成的结果只是让孩子失去自己体会人生的权力。

尊重孩子，要从以下几点做起：

1. 尊重孩子的隐私。

有些家长认为孩子是自己的附属，那么孩子的一切都应该由自己来掌握，包括孩子的隐私。他们可能偷看孩子的日记、翻看孩子的手机信息、通讯记录及 QQ 聊天记录等，总之，这些家长希望孩子的一切心理活动也都暴露在他们的面前。如果被孩子发现，他们仍然要强调“一切都是为了你好”。之后，孩子不仅会把隐私防卫工作做得更好，还会关闭心门，更加疏远家长。

2. 尊重孩子的兴趣。

大忙人父母们非常了解社会竞争的残酷，他们希望孩子在未来的日子里，能够有足够强大的力量来迎接挑战。因此，在家长的眼中，学一点特长主要是为了增加以后的竞争能力，至于是不是孩子喜欢的，并不重要。

当郎朗的钢琴在世界各地奏响，有多少家长疯狂地将自己的孩子也送进了钢琴训练班，希望自己的孩子也能成为优秀的钢琴演奏家。

朗朗三岁开始学琴，五岁就获得了沈阳市少儿钢琴比赛的第一名，9岁时父亲辞职陪他到北京学琴，妈妈一个人工作承担家庭的开销以及朗朗的学琴费用。10岁那年，他以第一名的成绩考入了中央音乐学院附小，13岁获得了柴可夫斯基钢琴比赛第一名。从开始的每天练两个小时琴到后来每天都要弹十个小时以上，他坚持了下来，走上了世界舞台，拿下了一个又一个大奖，获得了一项又一项殊荣。他在12岁时获得了德国一个音乐比赛的金奖，参赛的五万元是爸爸借来的，当他得奖的消息传来，爸爸在后台泪流满面！

朗朗之所以能坚持这么久，是因为他真的喜欢钢琴，他天生就有强烈的乐感，他比其他的孩子更能吃苦，更能坚持。兴趣支撑着他走到今天这一步。换言之，如果这个孩子是被父母逼着学琴的，那这些辛苦对他来说就是折磨，即使他再努力，恐怕也无法取得如今这样的成绩。

3. 尊重孩子的个性。

体育课上，老师教大家打乒乓球，内向的天天却总是缩在后面，老师以为他不喜欢这项运动，就让他先排在后面。等轮到他的时候，老师却意外地发现，天天打得很好。老师问他：“你打得这么好，为什么要躲在后面？”“我怕我打不好，会让同学们笑话。”天天小声说。老师这才明白，

天天的内向其实是不自信的表现，老师及时肯定了天天的球技，同学们也都夸他打得好，天天的自信心得到了很大的提高，他再也不躲起来了。

假如体育老师强行把天天拉出来打球，可能天天就会更加紧张，球技不能很好地发挥，这会让老师误认为他的球打得不好，那样，天天可能就真的与乒乓球无缘了。正因为老师知道天天的性格比较内向，所以没有给他增加压力，只是顺其自然地等轮到他的时候再安排他上场，这样他会相对放松，而老师的鼓励和同学们的肯定也是增强他自信心的关键。

4. 尊重孩子的决定。

孩子对社会和自然的认识并不充分，他们的决定很多都出于直觉和本能，因此在家长的眼中，他们的决定往往是幼稚的，是错误的，是不可取的。然而，孩子的直觉和本能是非常宝贵的，保留着最基本的善良与纯净，这才是他们应该有的正确选择。

尊重就是让孩子对自己充满自信，相信自己有能力做出正确的选择和判断。尊重就是不把成人的意志强加给孩子，而是鼓励孩子发表自己的意见与看法，让他们相信自己的见解。

给大忙人父母敲敲警钟：

孩子是独立的，他们有属于自己的意识和决断，家长要尊重孩子，不能代替孩子做决定，不要替孩子包办一切。孩子的成长是个漫长而缓慢的过程，尊重孩子就是对他们成长最好的保护。

给大忙人父母的亲子备忘录：

1. 尊重孩子要比命令孩子更加有利于孩子的成长。
2. 尊重孩子，就是保护孩子健康成长。

第四节　孩子的自信来自家长的欣赏

孩子的自信，是对自己作为一个人的价值的肯定，从根本上来讲它来自父母无条件的爱。

有关机构总结出了中国父母教育孩子的十大“名言”，其中一句就是“你瞧人家多好啊!”在中国父母的眼中，别人家的孩子简直是完美的代名词，而别人家的孩子也成了自家孩子最大的“天敌”。

“我从来不会主动向爸爸妈妈说起学习成绩，不用说我都知道他们会和我说什么。如果我提到这次考试××比我高了一分，我妈肯定会说：‘人家多聪明啊，你就不能再多两分!’我爸就会说：‘人家一定是比你更努力，哪像你，只知道玩!’”这是一位初中生的话。

同样是孩子，总会有所长有所短，不能总拿着别的孩子来比较。总在批评孩子，孩子哪里还会有学习的积极性，又怎么可能提高成绩呢?更重要的是，总有一个比他强的孩子立在前面，孩子的自尊心是很受伤的。

不仅孩子和家长之间会是这样的对话，家长之间聊起孩子的教育，也常常会说：“你看人家的孩子多好，再看看我家的，唉，他有人家十分之一我也心满意足了!”这种完全失望的语气，也许只是家长的自谦，但是孩子听到，会很受伤害。

家长这种不断的比较和批评，会让孩子渐渐丧失自信，而且对孩子重

复批评也会让孩子的心理“标签化”，他们会认为自己在这一方面就是不行。

在现代教育学中，建议家长采用赏识教育。家长要学会用赏识的眼光去看孩子，充分肯定孩子的努力和取得的成绩，关注孩子的优势和长处，经过反复强调，让孩子也肯定自己，增强自信，认为自己“真的很棒”“真的能行”！

要做到赏识孩子，家长需要从以下几个方面做起：

1. 家长要树立赏识的意识。

赏识意识是促进家长肯定孩子的第一步，家长要认识到，赏识教育能让平凡的孩子做出不平凡的成就。

成功将赏识教育运用到自己女儿身上的周弘，面对双耳失聪的女儿，鼓励她，帮助她，教育她，周弘一步一步地扶着孩子前进，从残疾人到美国加劳德特大学的心理咨询专业硕士研究生，这一路上他们到底付出了多少，无法计量，但是这一路上从未停止的，是父亲对女儿的赏识，也正是父亲的赏识创造了这个奇迹。

2. 赏识的目的是正向地引导。

家长赏识孩子是为了给予孩子正确的引导，在孩子努力的情况下给予鼓励，在孩子取得成绩时给予表扬。尤其是以批评为表达方式的教育

一定要改掉，比如，为了让孩子好好学习而批评孩子不努力，为了让孩子写字端正而批评孩子不专心，为了让孩子学习音乐而批评孩子不如邻居家小孩这类负能量的表达要坚决杜绝。家长应该用肯定的、正向的、积极的赏识让孩子发现自己的优点，了解自己的长处，发挥自己的潜力。

3. 赏识要真诚有度，不要虚伪夸张，随意乱讲。

孩子是最敏感的，他很容易就能听出家长的话是真诚还是虚假。如果孩子发现家长所谓的“赏识”全是假的，只是随便说的，孩子也就不会再在意家长是不是在赏识自己，“你真棒”“你能行”这些话也就成了空话、套话，孩子听到之后不仅不会积极努力，反而会生出反感。

赏识孩子的家长给予孩子肯定，孩子就会增长自信心，两者是相辅相成的。家长希望孩子努力、上进，积极进取，就要努力发现孩子的优点，多多赏识自己的孩子，也许他会在未来取得令人意想不到的优异成绩。

给大忙人父母敲敲警钟：

没有哪个孩子是完美的，也没有哪个孩子一无是处。家长需要用一双慧眼去发现孩子的优点和长处，从点滴优势开始赏识，让孩子相信自己。自信心的增长会推动积极性，会推动创造力，也会让孩子的未来变得更加光明！

给大忙人父母的亲子备忘录：

1. 赏识孩子，从今天做起，从此刻做起。
2. 赏识能培养出正能量的孩子。
3. 每天发现孩子一个值得赏识的地方，然后认真地告诉他。

第五节　教育过程中不能放弃原则

自由是有条件的，没有了条件也就没有了自由。

每个人都是在条件的约束下追求自由的，如果没有约束，就等于所有人都失去了自由。教育孩子也是一样，在教育过程中不能为了达到教育目的而放弃原则。

在很多家庭中，家长向孩子妥协的例子，比比皆是。举个简单的例子，孩子在吃饭的时候事先和他说好，要吃多少盛多少，如果吃不了就要受到惩罚。结果，孩子没有吃完，可是家长批评了两句，并没有进行惩罚，就这样不了了之。下一次，可能又会出现类似的情况。有的家长就说了，孩子虽然没有吃完，但是也没有浪费太多，没什么大不了的。然而，重点是孩子没有按约定吃完饭，而不是浪费了多少。家长把两个问题混在一起，结果自然就没有原则可言了。

这种原则有必要坚持吗？看看以下几个事例，家长们再考虑这个问题的答案吧。

事例一：

马克是澳籍华人，由于工作的原因，我们两家走得比较近。我对马克的四个孩子印象非常深刻，因为不管在什么时候，这几个孩子都保持着礼貌、谦让，而且自理能力突出。我去他家做客的时候，发现每个孩子都是自己盛饭，很准确地控制着自己的食量，用餐完毕会和父母说明，经父母允许，并向客人示意继续之后才会安静地离开。虽然这几个孩子里最小的不过二岁半，但是他们并没有把餐桌上弄得乱七八糟。再反观我自己的孩子，他永远都不能把自己整理干净，每次都要让妈妈帮着喂饭，还要哄着，就像婴儿一样。

我赞扬过他们教子有方，然而马克太太却非常吃惊地说："这不是孩子们应该具有的基本修养吗？他们从现在开始一直到成人，这些能力都是必备的啊！"

我当然也明白，让男孩绅士，女孩淑女是应该的，不管他们是什么年纪，都应该具有这样的修养。可是我们的教育却充满了娇惯和宠溺，培养出来的都是手不能提、肩不能扛的小公主、小皇帝，成年之后也会暴露出社会能力的缺乏。

事例二：

美琳的儿子六岁，女儿四岁，两个孩子都继承了妈妈的音乐细胞，唱歌跳舞的能力非常突出，尤其是儿子小迪乐感相当好，在市里拿过好几次舞蹈大奖了。

那次我们一起约好去听音乐会，去之前我们两家一起共进午餐。音乐会的吸引力对于小迪太大了，他一直都坐不住，不断地用筷子敲打着碗盘，嘴里还边吃东西边哼着歌。美琳提醒他："小迪，好好吃饭，不要乱敲，不然就不许你去听音乐会了！"可小迪只老实了几分钟便又忍不住哼起了歌，还扭动着身子打着节拍。美琳再次提醒，小迪却对妈妈做了个鬼脸。可能在他看来，有外人在场，妈妈不会真的对他怎么样。然而美琳却拉起他说："妈妈提醒了你两次，你都没有停止你的错误，妈妈不得不宣布今天的音乐会我们都不去听了。"美琳又对我说："对不起，我必须带孩

子们回去了，音乐会的票请代我转赠别人吧！”即使我一再相劝，美琳仍然坚持带孩子们离开了。

事后我和美琳再提起这事的时候，美琳说：“我知道你觉得我似乎太过苛刻了，可是这就是我教育他们的原则：约定好的事情不能违背，否则就必须要接受后果。如果大人因为顾忌到自己的面子而妥协，孩子就会明白他们在什么场合下可以不按原则做事，原则一旦被打破，就无法再建立。”

我明白美琳说的有道理，可是我和很多家长一样，因为不愿意在朋友面前难堪，不愿冷场，坏了大家的兴致，也舍不得让孩子哭闹，根本没能坚持原则。

原则，说大不大，说小不小，处处都有原则，事事都应该遵循原则。或许看起来，美琳有些狠心，马克要求严格，但正是因为这些家长在孩子面前树立了一套原则体系，这些原则才会成为孩子成长的力量，会撑起他未来为人处事的风骨。一位心理学家爸爸说：“父母的工作就是坚持，孩子会不断地挑战原则，直到你放弃为止。而你要做的就是在孩子第一万次来冲击你的底线时，第一万零一次地坚持住。家长坚持原则有多稳固，孩子在以后的人生路上才走得有多稳固！”

给大忙人父母敲敲警钟：

教育孩子是为了让他成长、成才，但是不能为了让他去学音乐而容忍他不写作业；不能为了让他好好学习而纵容他不礼貌；不能为了让孩子学到一项能力而允许他做另一件错事，否则，孩子就不是在成长，而是会学坏。

给大忙人父母的亲子备忘录：

1. 坚持原则就要像坚守阵地一样不能退缩。

2. 坚持原则是为了让孩子真正明白界线在哪里，受罚是为什么，让他们在以后的日子里，懂得做事的分寸。

3. 只有懂得坚持原则的孩子才能真正懂得自由是什么。

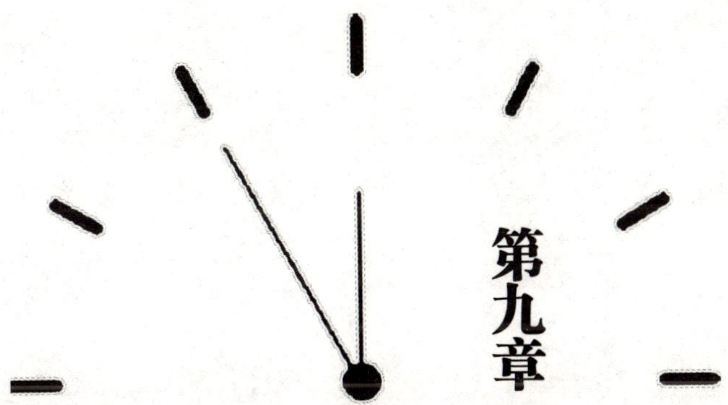

第九章

“培养”更是“陪养”：大忙人父母这样陪孩子

第一节 陪伴不是假日里的“集中补课”

你们自身的行为在教育上具有决定作用。不要以为只有你们同儿童谈话，或教导儿童，或吩咐儿童的时候，才教育着儿童。在你们生活的每一瞬间，甚至当你们不在家的时候都教育着儿童。

——马卡连柯

随着社会竞争越来越激烈，生活的节奏也逼得人喘不过气来，大忙人父母们早出晚归，与孩子的生活存在明显的“时间差”。有些家长晚上到家已经是深夜，孩子已经睡着，手里可能还握着要给爸爸看的奖状；而早上上班时，孩子还没有醒来，梦中还叫着“妈妈”；早就答应了孩子要一起去游乐场，结果孩子从春天等到冬天还没能去成……

“留守儿童”早就不只存在于农村，城市里的孩子虽然与父母近在咫尺，却因为大忙人父母“来去匆匆”，一样也得不到父母该有的陪伴。大忙人父母们不妨想一下，你有多久没有陪孩子一起吃过晚饭，有多久没有陪孩子玩过一个游戏，又有多久没有在孩子睡前给他讲过一个故事了？

家长们并非没有意识到这些，可是，他们平时实在抽不出时间来陪孩子，只好等到假期，好好地“补偿”孩子。许多家长努力把自己的年休假调到孩子放假的时候，然后带着孩子去旅游，去吃美食，去游乐场，希望

在假期把孩子缺失的陪伴全部补齐。然而，这就像失眠之后的补觉一样，并不能有足够的效果，反而还会产生其他的问题。

陪伴是家庭教育中最主要的方式，也是最有效的精神呵护。大忙人父母们也知道这一点，只是由于工作忙的原因，没有办法花较多的时间陪在孩子身边。还有一些家长虽然和孩子待在一起，但同样没能起到陪伴的作用，主要是因为亲子关系紧张，家庭气氛压抑，家庭成员之间缺乏沟通等。不论是哪一种陪伴的缺失，都容易造成孩子性格孤僻、脾气暴躁、难以交流等问题。

良好的家族氛围能成就一个优秀的孩子，有效的沟通和足够的陪伴能造就一个积极上进的孩子。在家庭教育中，良好的亲子关系远比任何“科学正确”的教育方式更重要。

陪伴孩子有几个重要时间段，对于每个家庭而言，家长只要在这些时间与孩子亲密相伴，就能让孩子在心灵上感受到家长无处不在的呵护。

1. 让孩子自然醒来，陪伴孩子十五分钟。

让孩子自然醒来，前提是让孩子保证充足的睡眠。通常情况下，孩子从醒来到起床要有十分钟左右的缓冲。在这个过程中，家长要陪在孩子身边，轻声细语地呼唤，温柔地抚摸，让孩子慢慢地睁开眼睛。家长可以用最轻松的话题来唤醒孩子的意识，直到孩子完全清醒。

如果家长不能保证每个早上都能陪伴孩子起床，那么，尽量周末的时候采取这样的“叫醒方式”。

2. 进门前先释放不良情绪，跟家人要快乐轻松相对。

家长忙了一天，疲惫不堪地回到家里，也许一进门就看到了门口没有摆放好的鞋子，桌上没有收拾的碗筷，难免就会烦躁。孩子在幼儿园待了一天，见到父母，特别想扑进妈妈怀里，撒个娇，说说幼儿园发生的事，如果他看到妈妈烦躁的面孔，一定会退缩。这样的陪伴，就会变成煎熬。

为了改变这种状态，家长在进门之前要先释放自己的不良情绪，保持平和的心态，一进门就微笑着给孩子一句问候，一个热情的拥抱，告诉孩子，爸爸妈妈对他的爱。

3. 孩子睡觉前的准备时段。

有的家长回家晚，到家的时候孩子可能就快要睡觉了。这时候，家长可以利用睡前时间和孩子亲近一下，聊一聊孩子今天在学校的事情，讲个故事，不管做什么，都是一种放松的状态，并且要和孩子互动，增进亲子间的感情。

4. 利用各种零碎的时间与孩子共处。

因为工作的原因，大忙人父母与孩子长时间共处的机会不是很多，即使是假期，孩子也可能会去上各种课外班，这就要求家长学会利用各种零碎的时间来创造陪伴孩子的机会。比如晚饭之后一起到小区散散步、遛遛狗，或者和孩子一起下一盘棋、做个手工、画一幅画等。这些陪伴都不需要太久的时间，十五分钟、半小时都可以。

有位家长说："我一直陪着孩子啊，他在看动画片的时候，我就在一边坐着陪他。"但孩子说了："爸爸是在看手机，根本就不知道我在干什么!"这种陪伴实际上是无效的，对于孩子而言，同样是陪伴的缺失。因此，请每一位家长都认真对待孩子，让陪伴真正地发挥作用。

给大忙人父母敲敲警钟：

孩子的世界和大人的世界不可能完全重合，即使是有交叉的时间段，陪伴的效果也有所不同。孩子渴望的不仅是得到爸爸妈妈的爱抚，更希望时刻得到爸爸妈妈的关注。只有真心关注孩子，了解孩子，与孩子有效沟通，才是有意义的陪伴。这个陪伴应该是细水长流，而不是集中爆发的。

给大忙人父母的亲子备忘录：

1. 每天主动拥抱、亲吻你的孩子，让他感觉到你对他的爱。

2. 与孩子约定共处的时间，哪怕只有十分钟，也要充分利用，实现有效陪伴。

3. 和孩子单独、直接地沟通，忘记不愉快，坦诚说出心里话。

4. 陪伴重在用心，而不光是在于时间和空间。

第二节　亲子陪伴是引导不是逼迫

陪伴孩子要用“心”，而不是用“力”。

大忙人父母最缺的是什么？时间！在没有时间的情况下，大忙人父母最容易失去的是什么？耐心！没有耐心的父母，有时会逼着孩子做一些他们不喜欢的事。

在逼迫情况下让孩子去做一件他不喜欢的事，即使是父母陪伴在身边，孩子也毫无快乐可言。这样的陪伴，只会适得其反。多家专业教育机构调查表明，一个和睦的家庭，一个幸福快乐的环境，孩子在其中是放松的，家人的陪伴带给他的是快乐而不是压力。即使家长只有短时间的陪伴，依然可以让孩子感受到温暖。

大忙人父母陪伴孩子的时间有限，就更要把有限的时间利用起来，给孩子高质量的陪伴。高质量的亲子陪伴主要是互动，家长在和孩子互动的过程中让孩子充分地感受到爱与陪伴，同时，家长在其中所起的作用不是逼迫孩子做什么，而是引导和帮助他们。高质量的亲子陪伴，可以通过以下几种方式来实现：

1. 一起讨论怎么玩。

大忙人父母由于没有过多的时间来陪孩子玩，那么可以把游戏分成几个阶段进行。第一阶段就是和孩子讨论，要玩什么游戏或者看什么书，讨

论游戏的规则，交流书中的故事情节。共同的话题能够很好地拉近亲子关系，在爸爸妈妈的陪伴下，孩子会更乐于思考，更容易养成热爱学习的好习惯。

2. 一起来思考。

每个孩子都有“十万个为什么”，这是孩子求知欲的表现。然而，家长却不能答出所有的问题，有不少家长觉得很没面子，会呵斥孩子没完没了，结果就打击了孩子的好奇心。孩子想知道的问题家长一定要给予正面的回应，积极地去回复，如果家长不知道答案，可以和孩子一起借助工具来查找答案，也可以完全放开思路去分析，让孩子主动思考，积极开拓思路。

天泽才四岁，好奇心的增长速度远远超过了他的知识储备。每天他都追着妈妈不停地问，这个是什么，那个又是什么，这个为什么，那个又是怎么回事。妈妈开始还很有耐心，可是孩子的思维总是很奇怪，常常问一些完全不符合逻辑的问题，这下可就把妈妈给难住了。妈妈索性就告诉他：“不知道。”

问多了，妈妈的回答大部分都是“不知道”。妈妈有天对着儿子说：“宝贝，你真是十万个为什么！”天泽撇撇嘴说：“可妈妈快成十万个不知道了！”一句话把妈妈逗乐了，妈妈也从中听出了儿子的失望。妈妈不想打击儿子学习的兴趣，就带着儿子去图书馆查找资料，让他了解如何从书中找到答案，慢慢地，天泽认识了许多字，懂得了许多知识，也养成了积极思考、热爱学习的好习惯。

3. 亲子陪伴要倾听孩子，引导他深入思考。

孩子的思路与大人的不同，家长一定要耐心地听孩子诉说，鼓励他多说，并跟着他的思路去思考。家长要引导孩子尽可能地放开思路去想，从而让孩子的思维能力得到锻炼。

高质量的亲子陪伴是在引导中让孩子学习和成长，而不是强迫孩子去接受什么。陪伴的关键是家长和孩子地位的平等，甚至让孩子在亲子关系中起到主导作用，家长只是起推进和纠正的作用，这才是最好的亲子陪伴。

给大忙人父母敲敲警钟：

在孩子的世界里，任何问题都没有一成不变的答案，家长在陪伴孩子的过程中，要鼓励孩子多想，引导他们开拓思路，“十万个为什么”比强行记忆知识要更加有益于孩子的成长。

给大忙人父母的亲子备忘录：

1. 每个孩子的脑袋里都有“十万个为什么”。

2. 孩子成长的时光非常宝贵，家长要用有限的时间给予孩子尽可能多的陪伴和快乐。

3. 重视孩子的需要，倾听他们的心声，陪伴他们一起成长。

第三节　陪伴是共同成长

家长是孩子的第一任老师，同时，孩子也教会父母如何成为合格的家长。

亲子教育没有实习期。做父母，实际上是经历一段新的生命历程，看着孩子成长，陪伴孩子成长，每个家长都会在这个过程中收获许多感悟。

有位著名的教师曾经说过这样一件事："每年新生入学的时候，都会有家长特意对我说：'我家的孩子比较调皮，不用点非常手段是管不住的。您不用顾忌我们，孩子交给您我们就图个放心，你该打就打该骂就骂，一定要严管。'"家长说这些话肯定是出自真心，然而这位老教师却感叹："家长对老师的信任我是感激的，可是他们一副交给老师就如释重负的样子，实在又让我担心。孩子的教育，不是教师单方面就能完成的，家庭教育更重要。"这样的家长，首先就没有把家长的责任放在心上，家长都没有承担起相应的责任，又如何教育孩子成材呢？

家长没有正确认识到自己的角色，没有受过系统的训练，即使是从各种书籍、资料中有所了解，可理论和实践的距离也是非常大的。那么，父母如何才能和孩子共同成长呢？

1. 要认真面对父母这一角色，在学习中进步。

随着孩子的降临，父母也开始了一段新的人生。孩子慢慢地成长，父母也要一点一点地学习，孩子的成长是个漫长的过程，随着他的每一步变化，家长也要不断地学习教育知识，与孩子一起成长。

2. 关注孩子的身体成长，更要关注孩子的心理健康和道德培养，父母要以身作则。

家长不仅要给孩子提供必要的物质条件，更要注意对孩子道德、心理方面的教育。

孩子有着超强的模仿能力，他们最容易向父母学习，好的如此，坏的也是如此，因此，家长应该严格要求自己，给孩子做出好的榜样，这也是家长的成长。

3. 要多用正能量激励孩子。

陪伴孩子的过程中，家长会发现孩子的优点，也会为孩子的缺点忧心。孩子对于家长的关注点非常敏感，家长如果对他的缺点关注较多，他就会自暴自弃，即使是个好孩子也可能走向歧途。反之，如果家长认定了孩子是个可造之才，那么孩子也会很自信，会努力向父母证明自己的成长。正能量的使用是激励孩子成长的有效手段，也是家长的修炼过程。有许多家长在有了孩子以后发现，自己越来越懂得欣赏别人的优点，与别人相处也越来越友好了。

4. 对孩子要有耐心，有期待。

罗马不是一天建成的，人的成长也不是短时间的事情。孩子的优势各不相同，孩子的进步有快有慢，父母在任何情况下都不能放弃孩子，要有耐心，陪着孩子慢慢地成长。

给大忙人父母敲敲警钟：

家长的陪伴贯穿了孩子整个成长的过程，家长看着孩子成长，也随着孩子一起成长。

给大忙人父母的亲子备忘录：

1. 家庭是孩子成长的第一环境，良好的家庭气氛是让孩子健康成长的最佳土壤。

2. 家长是孩子的第一任老师，同时，孩子也能教会家长很多东西。

3. 耐心等待孩子成长，也给自己成长的时间。

第四节　心灵陪伴很重要

陪伴孩子重在“心陪”而不是“身陪”。

什么是成功？如果让成年人来回答，答案可能是惊人的相似。例如，功成名就，家庭美满之类。但是，同样的问题如果问孩子，那么一百个孩子可能会有一百个完全不同的答案，因为，在孩子的眼中，所谓的成才并不重要，他们所设想的未来有无限的可能。

在对家长进行的一次抽样调查问道：“你和孩子在一起的时候做什么?”备选答案里有刷微博、刷朋友圈、玩手机游戏等，这几项几乎所有被调查的人都选择了，有的是全选有的是单选，但是没有一个家长是不选的。

这次调查的结果显示，近七成的家长在陪伴孩子的时候处于一心二用的状态，所谓的陪伴也只是和孩子坐在一起，而孩子在做什么，做得怎么样，家长的关注度明显不够。这样的陪伴已经被有些媒体称为“冷暴力”。之前“冷暴力”常用于夫妻之间，没想到这个词义竟然已经蔓延到了亲子关系上。冷暴力的表现就是相处的人之间感情冷漠，互动极少，关注极少。大忙人父母如果只是这样陪伴孩子，那这种陪伴绝对是无效的。

一位家长说，这次的调查结果让她很震惊。以前她并没有意识到自己和孩子在一起的时候都做了些什么，在她的印象中自己对孩子是很关注

的，可是看到调查结果之后她发现，事实上她只是人和孩子在一起，可是她的思想却在忙自己的事。

这位妈妈说，平时和孩子在一起时，除了督促孩子做作业，其他的时间她就是用手机或电脑来打发时间。像这样的场景每个家庭都会有，但父母也许从来没有意识到自己这些行为在孩子的眼中会是多么冷漠。

很多家长由于平时工作繁忙，回到家之后希望可以放松一下，很多时候，给孩子的陪伴成了“人在身边、心在手机。”家长根本没有意识到陪伴孩子最重要的是心灵的陪伴。

心灵陪伴是孩子最需要的陪伴。大忙人父母们，如果有时间，可以和孩子一起走进大自然，共同发现自然界的奥秘；孩子遇到烦心事，家长要耐心地倾听，帮着孩子一起分析解决；孩子考试失利，家长要帮他们分析失利的原因，帮他们重树信心。哪怕只是家长一句温暖的话，一次轻轻的抚摸，甚至只是一个安慰的眼神，孩子都能体会到父母从内心深处对他的关怀。

所以，请用“心”“陪”着你的孩子一起成长。

给大忙人父母敲敲警钟：

陪伴不是陪同，不是看管，不是物质满足，更不是说教和监督。陪伴是一种温暖人心的力量，是一种可以让人依靠的信赖。

给大忙人父母的亲子备忘录：

1. 任何职业角色都可以被替代，但父母的角色无可替代。

2. 最好的陪伴是心灵的陪伴，给你的孩子传递爱和信任，给他安全感。

3. 有效陪伴是孩子成长过程中不可或缺的，家长无论多忙，都要抽出时间给予孩子爱的营养。

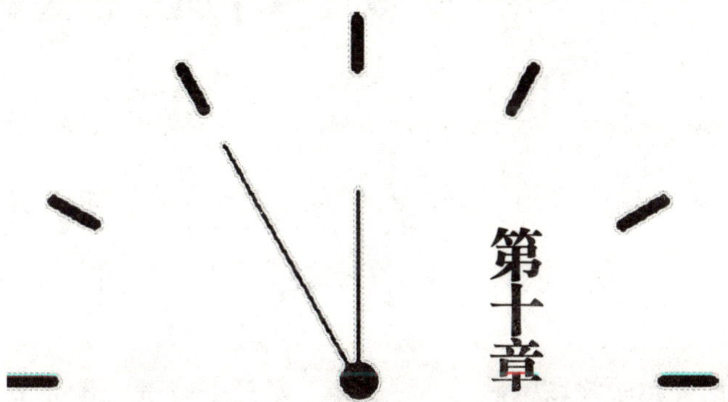

第十章

每天挤出 10 分钟的亲子时光：胜过一整天的无效陪伴

第一节　关灯捉迷藏
——改变孩子胆小怕黑的性格

孩子害怕黑暗，情有可原；人生真正的悲剧，是成人害怕光明。

—— 柏拉图

有位大忙人妈妈曾经感慨：“每天晚上哄孩子睡觉就像完成一项任务一样!”为什么她会有这样的感觉呢？因为她家的孩子怕黑！每天睡觉的时候，都焦虑不安，有妈妈陪着依然不能安心，总是要折腾好久才能睡着。而妈妈就在不断安慰孩子的过程中词穷了，耐心也被消磨殆尽。

怕黑，是许多孩子都遇到过的问题，有些人直到成年依然无法克服这个心理阴影。有研究机构对近二百位 4 ~ 12 岁的孩子进行了调查，其中，七成的孩子都有怕黑的心理。另一机构对 8 ~ 12 岁的孩子进行了抽样调查，结果有近八成的孩子怕黑。这说明，怕黑的心理在孩子中非常普遍。同期，有机构对 13 ~ 16 岁的青少年进行调查，这个比例已经降到了不足五成。这就足以证明，怕黑的心理会随着孩子年纪的增长逐渐减弱。不过，仍有近一半的孩子存在这种现象，其中女孩占了七成，比例远高于男孩。

人有七情，分别是喜、怒、哀、惧、爱、恶、欲。“惧”就是恐惧。害怕，是人类心理常态的一种。孩子为什么会怕“黑”呢？这主要是孩子

的心智还处于未成熟阶段，他们对于真实和想象的判断不是很清楚，而且孩子的想象力远超过成人，因此，神话故事中的鬼怪、侦探故事中的坏人，以及由此延伸出的黑影之类，对他们来说，都是真实存在的。同时，孩子也可能受到外部因素的影响。比如孩子之前在黑暗中受到过惊吓，再比如，家长害怕的东西，孩子也会形成“这东西很可怕”的观念，还有的家长为了让孩子“听话”，故意吓唬孩子，就像有些老人哄孩子的时候会说：“你再不睡觉，老妖怪就来抓你了！”这让孩子认为在黑暗中潜伏着“老妖怪”，以至于害怕得无法入睡。这些外部信息，经过孩子的想象无限放大，就会让孩子越来越恐惧。

对于如何解决孩子胆小怕黑这个问题，许多家长都束手无策，尤其是到了雷雨天，天黑又有闪电和雷声，孩子就更加害怕了。随着孩子认知的增长，他们会慢慢地不再害怕黑暗，同时，这需要一个有效的引导过程，不要强迫孩子去面对。

要引导孩子走出怕黑的心理阴影，家长可以从以下几点入手：

1. 锻炼孩子的胆量要多鼓励少逼迫。

孩子怕黑很普遍，家长不必过分焦虑，顺其自然对孩子克服怕黑心理更有效。同时，家长可以陪伴着孩子一起适应黑暗，慢慢减轻他在黑暗中的不适感，再逐步地放手。比如晚上回家，一进家门，屋子里还黑着，家长可以握着孩子的手，和孩子说几句话，让他感受一下黑暗也并不是那么可怕的。孩子在放松的情况下，胆子也会慢慢大起来。

2. 克服怕黑心理不能冒进。

怕黑的心理是可以克服的，但是不要期望可以一步到位，要给孩子一个适应的过程。从家长陪同孩子进入黑暗到试着让孩子在黑暗独处，从一小会到时间逐步延长，比如晚上孩子去厕所，开始家长可以陪着他去，家长可以等在门外，等孩子的胆子逐步放开，再让他自己去。

3. 用真实替代想象，从根源解决孩子害怕的原因。

孩子怕黑常是因为他会想出许多可怕的东西，而实际上这些都是假想的。用真实来替代他所想象的东西，就可以从根源上解决孩子害怕的原因。比如他害怕妖魔鬼怪，就可以在和他一起看卡通片的时候，给他讲解这些形象都只是人们编造出来的。不要自己吓自己。有的家长担心这样会扼杀孩子的想象力，其实，积极、正面的想象力，对孩子的学习和成长有益，那不仅要保护，还要鼓励；反之，负面的想象力让孩子困惑、害怕，那就要用科学的知识来给他解释明白，这样胆小的孩子也能胆大起来。

4. 在黑暗中寻找快乐，亲子游戏最有益。

孩子怕黑的心理不会一下子改变，家长的帮助必不可少。家长对怕黑的孩子一定要多陪伴，可以带孩子到有月光的室外放松，让孩子适应在时明时暗的环境下做游戏。也可以在室内，灯光较暗处，听听音乐，聊聊天。等孩子适应了之后，就可以关灯，和孩子在黑暗中玩，捉迷藏就是不错的选择。可以用纱巾蒙住孩子的眼睛，让孩子在黑暗中慢慢地摸索，家长则在一旁保护。家长还可以和孩子聊聊，有些盲人生来就是看不到光的，可他们仍然能积极乐观地生活，可见，黑暗并不可怕。孩子理解了“黑暗”的实际意义，又能在“黑暗”中玩得开心，自然也就不怕黑了。

大多数孩子都有怕黑的经历，作为孩子最大的安全感来源，父母的安抚和陪伴是解决这个问题的最好办法。只要家长采取合适的方法，因势利导地消除孩子的心理阴影，就能让孩子勇敢地面对黑暗，面对一切“可怕”的东西！

给大忙人父母敲敲警钟：

实际上，孩子“怕黑”怕的并不是黑暗，而是黑暗中可能存在的各种危险和威胁。家长只需让孩子明白，那些可怕的东西都是人们自己想象出来的，而且有爸爸妈妈的陪伴和保护，没有什么可以伤害到他。孩子有了安全感，恐惧就会离他而去。

给大忙人父母的亲子备忘录：

1. 怕黑的孩子不是没出息的孩子，家长不要因此否定孩子，否则只能加重孩子的恐惧。

2. 孩子的害怕都是有原因的，家长要究其根源，分析解说，有针对性地帮孩子克服。

3. 从害怕到不怕是需要过程的，家长不要急于求成，以免加重孩子的心理负担，应该跟孩子牵手共度，给他们最大的安全感。

第二节　我是演说家——改变孩子自卑的性格

自卑往往伴随着怠惰，往往是为了替自己在其有限目的的俗恶气氛中苟活下去作辩解，这样的谦逊是一文不值的。

——黑格尔

大忙人父母陪伴孩子的时间有限，而且往往更多地关注孩子的学习，其他方面难免有所忽略。忽然有一天，家长会发现孩子似乎很容易就有挫败感，常会陷入自卑的情绪之中。然而，忙碌的家长不知道孩子为什么会自卑。自卑是对自己缺乏正确认识，缺乏自信，没有主见，遇事前怕狼后怕虎，只要有错就会认为错在自己，是一种消极的自我评价。

其实，很多时候孩子的自卑是由于家长教育方式不当造成的。比如家长给孩子设定了较高的目标，孩子无法完成，失去了自信，就容易自卑；还有家长望子成龙，总是不断地挑孩子的毛病，这样也会造成孩子的自卑；还有可能是孩子在某些方面的表现较差，孩子自己感觉到与其他同学的差距而产生了自卑。

家长要了解孩子产生自卑的原因，关注孩子的心理变化，采取相应的措施，帮助孩子克服自卑心理。

1. 化压力为动力，把自卑当作一种反弹力。

尺有所短，寸有所长。人总会有一些不如他人的地方。如果过度地关

注自己的不足之处，就很容易产生自卑心理。要想克服这种心理，可以让孩子努力发挥个人优势，从而增强自信，克服自卑。同时可以将自卑化为反弹力，看清自己的不足之后，努力地弥补，促使自己进步，赶超他人，最后走向成功。

球王贝利出生于巴西一个贫寒的家庭，小时候踢球只能光着脚。虽然他有着超人的天赋，又能刻苦训练，但是他初进巴西桑托斯足球队时，看到同队的那些球星，觉得自己默默无闻，紧张得难以入睡，反复怀疑自己是不是可以踢好球，更害怕那些球星轻易地将自己击败。在这种严重的自卑情绪之下，他起初并没能做出成绩，有一天，他突然醒悟了，一再地问自己来到这里的目的是什么。他努力让自己忘掉那些负面的情绪，在赛场上像过去一样完全放开，只专注于自已的比赛，而不在意对手是球星还是一般球员。放下包袱的他，终于变成了一支“利箭”，锐不可当地创造了一项又一项佳绩，最终成了一代球王。

压力与动力的转换可以让人转败为胜，自卑反弹力运用得当，就成为了开拓未来的巨大力量。

2. 克服自卑的心理一定要保持乐观心态，即使是失败了也要态度端正，不妄自菲薄。

没有人可以一路平顺，坎坷无可避免，一旦遇到挫折和失败，自卑的人常会陷于痛苦失去自信。所以，要克服自卑，就要保持乐观，把心态放正。家长要帮助孩子分析失败的原因，总结经验，调整策略，让孩子学会以平常心对待胜负得失，增强自己的受挫能力。

3. 调整心态，越是害怕的事越要努力去做。

建立自信有几个有效而简单的方法，比如在参加集体活动时，尽量让孩子坐在前排中间的位置，让孩子接受他人的注视，当然，这一点是要靠足够的勇气和胆量来实现的。如果不能一步到位，那就要求孩子慢慢来，一点一点靠前，等有一天孩子可以坦然地坐在第一排的时候，就会发现自卑早已转化为自信了。

4. 要勇于正视他人。

越自卑的人越容易眼光闪躲，越自信的人目光越是坚定坦然。一个自信的人注视他人，给别人的感觉是镇定的，是坦诚的，是乐于交际的，是友好的，这是对他人的尊重，同样也能获得对方的尊重。反之，自卑的人眼光闪躲，让人感觉不够友好，也得不到对方积极的回应。所以，要勇敢地抬头，正视他人，展现出自己的魅力。

5. 走路要抬头挺胸，步伐平稳稍快，动作灵活舒展。

自信的人会给人一种全身舒展通畅的感觉，他们走路时步伐坚定，速度稍快，身体正直，反之，自卑的人会脚步拖拉，身体松散，情绪低落，看上去毫无生机。让孩子改变走路的姿态就像是让他给自己暗示，自己在做重要的事，要目标明确地往下走。

6. 增强自信的另一种方法是大声说话，当众发言。

说话声音的大小是体现一个人是否自信的重要标志，自卑的孩子往往说话低声，吐字不清，沟通困难，而自信的孩子一定是积极发言，声音洪亮的。自卑的孩子不敢大声说话是怕说错了被人笑话。要改变这个现象，首先要从练习大声说话开始，不管说什么都要提高音量，在此基础上要鼓励孩子积极参加各类演讲活动和比赛，当他们的表现得到了大家的认可，他们就会发现自己的魅力，渐渐克服自卑情绪。

微笑面对挫折，勇敢面对挑战，努力克服恐惧，做到这些就一定会成为一个自信而成功的人。

给大忙人父母敲敲警钟：

父母要让孩子抬起来头走路。“抬起头来”意味着对自己、对未来、对所要做的事情充满信心。任何一个人，当他昂首挺胸、大步前进的时候，他心里的潜台词就是“我能行”“我不比别人差”“我的目标一定能达成”“我是最棒的”“这些小挫折对我来说不算什么”，等等。一个孩子有了这样的心态，就能不断地进步，成为德智体全面发展的好学生。

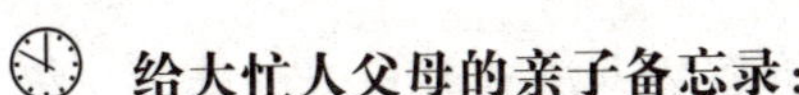

给大忙人父母的亲子备忘录：

1. 家长在平时的生活中可以有意识地忽视孩子缺乏自信的表现，让孩子淡化“我无能”的心理，树立起“我能行”的心理。

2. 家长要多鼓励孩子参加课外活动，培养孩子的兴趣与爱好，让他们多接触那些需要帮助的人群，这些都能增进孩子的自信心和自尊心。

3. 不要讽刺孩子，以免孩子受到不同程度的打击；也不要过分地赞扬孩子，以免孩子产生骄傲情绪。只有随时的、恰当的鼓励，才能不断提高孩子的自信。

第三节　橡皮泥蛋糕——培养孩子的动手能力

会用这双手，什么也不愁，穿也不愁，吃也不愁，玩也不愁。小朋友啊小朋友，千万别忘记，求友不如求手。

——陶行知

我国著名教育学家陶行知先生在他的教育理念中提出“双手万能”的口号，不仅如此，他还提出了新的评价教学方法和教科书的标准，第一条标准就是“看它有没有引导人动作的力量，看它有没有引导人做了一个动作又要做一个动作的力量。”可见培养孩子的动手能力是非常重要的。

青青的爸爸常年在外地工作，青青每天都盼着爸爸回来。今年爸爸答应他，一定会回家来过生日。青青数着手指头盼着这天来到。爸爸回来的那天青青已经睡着了。

第二天一早，爸爸还没有起床，青青就端着一个小盒子，守在爸爸的床边等爸爸醒来。爸爸醒来第一眼就看到了那个小盒子：“青青，这是什么？”

青青打开盒子，里面是一个小蛋糕，不过，是用橡皮泥做的。“爸爸，这是我送给你的生日礼物，一个我亲手做的生日蛋糕。”

爸爸笑起来：“你这蛋糕也不能吃啊！”

青青撇撇嘴说：“如果是能吃的蛋糕，放不了多久就坏掉了，这个是橡皮泥的，爸爸可以带走，可以放很久的。”

爸爸感动地抱住了青青：“谢谢你，女儿！”

青青的妈妈在一边说：“她原来特别不喜欢手工课，后来看到同学做了这个，她就想到给你也做一个。她还向老师请教了生日蛋糕要怎么做，回来试了好几次，最后才做得这么好看了！”

“妈妈，我喜欢手工课，我可以自己动手做好多东西，送给爸爸妈妈，送给老师和同学。”青青说。

爸爸和妈妈抱住青青说：“好，以后爸爸妈妈也陪你一起做手工，好不好？”

“好！”青青高兴地跳了起来！

在孩子的成长过程中，身体和思维都在发育，家长应该积极培养孩子的动手能力，激发他的创造力、想象力。

培养孩子的动手能力有多方面的益处：

第一，动手能力可以促进孩子在视觉、触觉、感知觉等各方面的互相协调及发展。

第二，孩子在动手玩耍的过程中可以无意识地学会一些操作方法，然后应用到日常生活中，可以很快学会生活用品的使用方法。

第三，幼儿时期的孩子通过动手实践，可以认识更多的物体，并根据自己的认识加以区分。家长应该多提供让孩子动手的机会，根据孩子不同的年龄段安排不同的内容，同时关注孩子的动手效果，发现错误的操作要及时纠正，但只是指导，不要代替。不要因为孩子开始做得不好就不再让孩子实践，要允许孩子有循序渐进的学习过程。

第四，更重要的一点是家长要注意孩子动手时的卫生和安全。孩子接触的物品一定要清洁，游戏结束后一定要洗手。对于一些具有危险隐患的物品，要根据孩子的认知能力让孩子接触，家长也在要旁边做好监督和保护工作。

既然培养孩子动手能力的好处这么多，那么，如何培养孩子自主动手的能力呢？

1. 做手工。

不论男孩还是女孩，都可以通过做手工来学习和锻炼动手能力，比如折纸。男孩喜欢的飞机、轮船，女孩喜欢的裙子、花朵，都可以折出来。要让他们由易至难，由简至繁地学习。

2. 培养自理能力。

家长要从小给孩子灌输“自己的事情自己做”的观念，培养孩子自己解决自己事务的能力。比如自己穿衣服，自己铺被子，自己整理学习用具，自己洗简单的衣物等。这样既培养了孩子的动手能力，也能让孩子学会自理。

3. 多鼓励引导，少批评责骂。

孩子的动手能力不是一下子就能提高的，开始他们都会显得笨手笨脚。家长不要因为孩子做得不好、做得慢就失去耐心，要多鼓励，让孩子多练习，多重复几次就会有进步。

4. 培养孩子的动手能力，家长重在参与。

在培养孩子的动手能力时，家长的重要职责是教育、指导、纠正、鼓励，家长陪伴在孩子的身边，孩子会更安心地学习，也会在家长的肯定下更快地进步。

给大忙人父母敲敲警钟：

培养孩子的动手能力，是促进孩子大脑发育的有效途径，也是增进亲子关系很好的方式。每位家长都应该和孩子一起动手，一起游戏，让孩子在玩耍中获得更大的学习动力。

给大忙人父母的亲子备忘录：

1. 手是人重要的感觉器官，让孩子多动手是促进智力发育的重要途径。

2. 通过手的活动，可以获取更多的外部信息，可以促进孩子大脑的发育，使孩子心灵手巧。

3. 生活中处处有机会，家长要鼓励孩子多玩，在玩的过程中让孩子多看、多听、多想，关键是多动手，把孩子培养成一个自信、乐观、有创意的人。

第四节　一起来照顾一株植物
——培养孩子的责任心

一个人若是没有热情，他将一事无成，而热情的基点正是责任心。

——托尔斯泰

现在很多家庭中，大人把孩子的一切事务全部包办，以至于在孩子的心中形成了一个概念：自己的事情不做自有爸爸妈妈代替做，做不了有爸爸妈妈帮忙做，事情做错了有爸爸妈妈善后，总之，爸爸妈妈就是“全能跟班”。父母的过度保护，造成了孩子自私自利，以自我为中心，把所有的责任都推给了父母。

一个人要想在未来获得成功，必须要有足够令人信服的人品，而责任心就是非常重要的一项。如何让孩子成为一个具有责任心的人呢？

1. 要有意识地锻炼孩子的独立性，让他从小做力所能及的事情。

让孩子自己的事情自己做，比如穿衣、叠被、洗漱、整理文具等，事情不用太复杂，只要是孩子自己能做的，就让他自己做，家长在一边做指导就可以了。你会发现，孩子自己完全可以做得很好。

2. 对于没有耐性的孩子，家长要引导孩子做事不能半途而废。

孩子好奇心强，做事容易虎头蛇尾，家长要注意监督，检查完成情

况，让孩子明确地意识到：做事情要认真负责。

老师让每个学生种植一盆花或者养一个小动物，晴雨喜欢吊兰，就央求爸爸给她买了一盆。但是，晴雨做事总是三分钟热度，她对吊兰的兴致也是如此，只坚持了一周就松懈下来。如果不是爸爸及时发现吊兰缺水严重，这盆花就要因晴雨的疏于管理而“牺牲”了。爸爸告诉晴雨：“花是你要求买回来的，那么你就要对它负责到底。像这种虎头蛇尾的事不能再出现，不然这棵花可能就因为你的不负责任而枯萎了!”爸爸说得非常严肃，晴雨下决心以后要照顾好它。

爸爸之后几次检查发现晴雨把吊兰照顾得非常好，还懂得根据天气情况调整浇水的频率，一盆花被晴雨养得郁郁葱葱!

3. 鼓励孩子参与家庭事务，勇于发表意见。

孩子由于年纪小，家长常常会忽视孩子在家庭中的地位，有什么事情也不会让孩子参与。但不管孩子的见识有多少，他都属于家庭中的一员，家长应该鼓励孩子参与家庭事务的处理，大胆地说出自己的意见，让他体会做主人的责任感，增强他的责任心。

4. 要让孩子清楚做错事并不可怕，但要能承担责任，及时弥补。

电视剧《家有儿女》中有这样一个场景：小雪不小心把花瓶摔碎了，花枝和碎玻璃四溅开来，水流满地。当时家里并没有人，小雪却并没有逃走，而是收拾了花枝和碎玻璃，拖干地面，还写下留言条，承认花瓶是自己打碎的，并向妈妈道歉。小雪妈妈回来后看到纸条，不仅没有批评小雪，还及时地表扬了小雪。

孩子免不了犯错，但要让孩子认识到错误，并勇敢承担后果，对自己的行为负责。

5. 家长要鼓励孩子独立思考，不能家长专制，更不要过度保护。

许多没有责任心的孩子主要是缺少独立思考的能力，没有主见。家长替孩子包办一切，孩子只有服从的份，这样培养出来的孩子没有主见，遇事不敢负责，反之，娇纵过度的孩子，过于自私，完全以自我为中心，长大之后也缺乏责任心。

6. 一定要让孩子信守承诺。

守信是个人品质中非常重要的一项，诺不轻许，许则必践。有些家长习惯于随口答应孩子的要求，过后又不能兑现，失去了家长在孩子心中的威信。孩子要求的事，家长要么不答应，答应了就一定要兑现。如果是有特殊的情况，也一定要向孩子解释清楚，向孩子道歉并做出补偿，让孩子知道，不能守信就要承担责任。

给大忙人父母敲敲警钟：

责任感是做人的基础。培养孩子的责任感，就应当教育他对自己负责，对他人负责，对家庭负责，对社会负责，对国家和民族负责，对我们生活的地球负责。人自身的发展、人与人的交往、人对社会的贡献，都来自明确的并且认真履行的责任。人的道德自律，遵纪守法也靠着责任感。责任感更是一个真诚的人的标志。其言必行，其行必果；言行如一，表里如一，是一个人受到别人尊敬与信赖的基本条件，也是社会健康的“营养液”和“净化剂”。

给大忙人父母的亲子备忘录：

1. 家长要为孩子做出好的表率，看到家长的行为，孩子才能感受到拥有责任感的重要性。

2. 不要对孩子提出过分的要求，过分的要求是滥用责任感，反而会让孩子失去面对责任的勇气。

3. 家长是孩子的“镜子”。家长对家庭、对社会的责任心可以折射出孩子的责任心。

第五节　我眼中的爸爸妈妈
——了解孩子的内心

父母之所爱亦爱之，父母之所敬亦敬之。

——孔子

绝大多数孩子都写过这样的作文《我的爸爸/妈妈》。在孩子的笔下，父母是什么样子的呢？

有位老师曾经说过："在我安排命题作文《我的爸爸/妈妈》时，我希望看到孩子笔下的父母是值得尊敬的，是与孩子有互动的。不论职业，不论文化，不论容貌，只是为人父母这一身份，他们能做得合格。然而，每次我总会收获一些奇特的描述，恶习、肤浅、拜金、虚伪甚至凶残，孩子用这些词来形容父母，简直令人震惊！"

这位老师所说的并不夸张，有机构随机调查过数千位小学生，请他们说出对自己父母最深刻的印象，结果如下：爸爸爱喝酒、抽烟，妈妈爱看韩剧；爸爸沉迷于电子游戏，妈妈爱逛街；爸爸工作非常忙、不回家；妈妈/爸爸天天盯着手机……这里的答案，没有运动，没有读书，没有一家人的交流。

试问，这样的爸爸妈妈，能培养出优秀的孩子吗？很多家长以为，只要给孩子立好了规矩，让孩子好好学习就行了，他们从来没有想自己在做

什么。家长是孩子最容易模仿的人，是孩子最亲近的榜样，家长有没有想过，自己在孩子的眼中到底是什么形象？

随着孩子身心的发育，他们的认知能力和独立思考能力越来越强，对于父母的期待也会越来越高。家长要求孩子做到的事情，孩子也期望家长能够做到。而且，孩子们希望家长不仅能从物质上满足他们，还要在精神层面上理解他们。

那么，什么样的家长，更受孩子的欢迎呢？

1. 能够尊重、理解和支持孩子的家长。

家长多是关注孩子的学习成绩，却很少关心孩子的兴趣爱好，孩子的情绪变化，孩子的朋友等，孩子希望家长能真正静下来听听他们的心声，了解他们的喜好，支持他们的追求，珍惜他们的朋友。

2. 和孩子能平等做朋友的家长。

家长与孩子有长幼之分，但是家长并不代表着强权。孩子希望父母能在自己困惑的时候给予帮助，在困难的时候提供支持，更希望家长能和自己平等交流，坦诚相待。家长尊重孩子的独立性，了解孩子的心理，做出正确的引导，就是对孩子最好的保护。

3. 给孩子创造幸福家庭的家长。

“父亲能给孩子最好的礼物就是爱他的妈妈。”只有在充满了温暖和爱意的家庭中成长起来的孩子，才能拥有爱的能力并享受被爱的快乐，他们才能健康地成长。

4. 懂得欣赏孩子的家长。

有些家长总是戴着有色眼镜，他们会不断地寻找自己孩子的不足，而且擅长用别人家孩子的长处与自己家孩子的不足进行比较。孩子得不到肯定，听不到赞赏，接收到的都是被否定的信息，他们如何产生自信，怎么能有自尊？

5. 真正关心和相信孩子的家长。

有的家长盲目自信，孩子表现得非常乖巧便以为是自己管教得当，其实孩子也许只是口服心不服，当面一套，背后一套。家长只有做到了真正地关心孩子，相信孩子，才能取得孩子的信任，也才能真正地让孩子对家长敞开心扉。

做孩子喜欢的父母，不清楚孩子所思所想的爸爸妈妈何不就现在和孩子一起聊一聊，画一画在他们心中爸爸妈妈的模样？

给大忙人父母敲敲警钟：

家长们平时在家里有什么习惯，如何跟家人交流，如何对待工作、生活，这些孩子都看在眼里，这也是父母在他们心中的形象写照，所以，为孩子树立一个良好的榜样吧！

给大忙人父母的亲子备忘录：

1. 家长约束孩子的条条框框，家长自己要先做到。

2. 父母爱孩子并不仅要满足他们的物质需求，更应该跟孩子进行心灵上的交流。

3. 让孩子描述一下他眼中的父母，听到的结果会让你大吃一惊。